2012 und danach

2012 und danach

ein neues Bewusstsein
für eine neue Erde

von
Meister Konfuzius
& Meister Kuthumi

gechannelt von
Ute Kretzschmar

ch. falk-verlag

Originalausgabe

2. Auflage, Oktober 2009

Umschlaggestaltung: Christa Falk und Dirk Gräßle
Satz: P S Design, Lindenfels
Druck: Druckerei Sonnenschein, Hersbruck
Printed in Germany

ISBN 978-3-89568-211-7

Inhalt

Vorwort 7
Meisterjahre 10
Der Frust ist der Treibstoff zur Entwicklung (10) Schöpfermacht und der Traum vom Materialisieren (12) Fragen zum Thema (13)
Gesundheit 16
Krankheitssymptome durch die Schwingungserhöhung (16) Fragen zum Thema (18) Allergien (26) Alzheimer (29) Vegetarier (31)
Liebe und Partnerschaft 33
Erfüllte Partnerschaften und alte Rollenspiele (33) Die Kommunikation zwischen Frauen und Männern (36) Die „Schokoladenseite" in der Partnerschaft (38) Fragen zum Thema (40)
Eltern und Kinder 46
Die Kinder der neuen Zeit (46) Computerspielsucht (49) Fragen zum Thema (50)
Träume und Meditation 55
Bewusste Traumarbeit (55) Der Traumkörper (57) Friedensmeditation
Medialität 61
Die Umstrukturierung eures Bewusstseins (61) Fragen zum Thema (62)
Tod und Sterben 65
Das Sterben in dieser Zeit (65) Fragen zum Thema (66)
Die Seelenfamilie 72
Ein Schöpfergott entscheidet sich für das Spiel des Vergessens (72) Wer gehört in meine Monade? (74) Fragen zum Thema (76) Anfang und Ende des Inkarnationszykluses (77) Vertraut eurer inneren Führung! (82)
Die Begegnung mit der Dualseele in der Physis 84
Fragen zum Thema (86)
Karma-Spiele 92
Die Verbindung von Karma und heftigen Emotionen (92) Fragen zum Thema (94) Die Erlösung der polaren Urmuster in dir (98)

Selbstbeobachtung 100
Selbstliebe (100) Fragen zu Thema (102) Die Auswirkungen der Schwingungserhöhung auf das innere Opfer- und Kämpferspiel (103) Wahrhaftigkeit, Ehrlichkeit und natürliche Autorität (105)
Antreiber, Kritiker und Verteidiger 108
Die Auswirkung der Schwingungserhöhung auf das menschliche Bewusstsein (108) Die drei „Erzfeinde" in eurem Kopf (111) Die Verantwortung für andere loslassen (116)
Allgemeine Fragen 119
Die Kraft der Gedanken 133
Das Wirken der Schöpfermacht in euch (139) Die Widersprüchlichkeit eurer Gedanken aufgrund der Polarität (142) Fragen zum Thema (144) Zweifel (148) Das Erschaffen von Widerständen (149)
Spiritualität und Religion 151
Fragen zum Thema (154)
Schutz – ein gefühlter Zustand in euch 160
Fragen zum Thema (163)
Die Erde im Reinigungsprozess 168
Fragen zum Thema (169)
Tiere und Pflanzen 175
Politik 181
Wählen oder nicht (182) Auslandseinsätze (185) Barack Obama (188) Fragen zum Thema (189)
Wirtschaft und Finanzen 193
Die Finanzkrise (193) Mangelbewusstsein und Armut (198) Bankbürgschaften (202) Autoindustrie (204) Mögliche Auswirkungen der Finanzkrise (205)
Technik 210
Autos der Zukunft (210) Das Teleportationsgerät (213)
Schwingungserhöhung und Aufstieg 214
2012 219
Die Erde geht auf Tuchfühlung mit dem Paralleluniversum (219) Die Vermählung der Erde mit dem Licht (222)
Verabschiedung 226
Seminar – Info 228

Vorwort

Konfuzius und Kuthumi

Seid gesegnet, seid in der Liebe, das sind Meister Konfuzius und Meister Kuthumi.

Meine Lieben, als wir unserer Schülerin Ute um die Jahrtausendwende die Botschaften gesandt haben, dass sich eure Wirtschaft, euer Finanzsystem, euer Gesundheitssystem, die Schulsysteme und das gesellschaftliche Zusammenleben vollkommen verändern werden, da war das für viele von euch so etwas wie eine utopische Idee, für die es im Äußeren noch wenig Anzeichen gab; und auch unsere Schülerin Ute hatte Momente, in denen sie überlegte, ob sie das wirklich veröffentlichen sollte, und hatte Zweifel an der Wahrheit.

Nun, meine Lieben, jetzt ist dieser Aufstieg in die andere Schwingungsebene so weit fortgeschritten, dass ihr auch auf der irdischen Ebene ganz klar die Auswirkungen seht. Das Finanzsystem ist am Zusammenbrechen – die Wirtschaft ebenfalls. Das, was eure Bankiers und eure Politiker jetzt an Rettungsaktionen starten, das sind kurzfristige Stützmauern, die bewirken sollen, dass diese Talfahrt kontrollierbar wird und gewisse Sicherheiten erhalten bleiben.

Nun, meine Lieben, aus unserer Sicht läuft alles nach Plan!

Von Amerika, dem Land der „unbegrenzten Kreditkarten", kommt jetzt die Welle herüber, die euer Finanzsystem zusammenbrechen lässt, und hinter den Kulissen ist es bereits zusammengebrochen. Diese Lawine ist so ungeheuerlich, dass im Moment noch alle Banken damit beschäftigt sind, sich einen Überblick zu verschaffen, was denn noch alles betroffen ist, was da als nächstes kommt und welche Hiobsbotschaften im Anrücken sind.

Wenn ihr euch diesen Finanzmarkt anschaut, den ihr aufgebaut habt vor einigen Jahrhunderten und der sich letztendlich so zugespitzt hat, dass ca. dreizehn Familien auf diesem Planeten das Geld in Händen halten und allen anderen Anweisungen geben, bestimmen, wie viel Geld gedruckt wird, welche Banken Geld zu welchen Konditionen leihen können – wenn ihr euch das vor Augen haltet, dann wird es Zeit für etwas Neues. Das ist tiefste Dualität!

Meine Lieben, viele von euch sind noch sehr involviert in dieses alte Denken, mit Sicherheiten, die ihr euch aufbauen möchtet. Das sind Überbleibsel aus der Dreidimensionalität.

Schaut euch doch einmal an, wie sich die finanziellen Gegebenheiten von früher her auswirken. Ihr zahlt Häuser ab, nehmt dicke Kredite auf, die ihr mühsam ein halbes Leben lang abzahlt. Das ist ein halbes Leben ohne Urlaub, ohne größere Anschaffungen, und am Ende habt ihr ein Haus, welches euch gehört, was aber bereits wieder reparaturbedürftig ist.

Und dann geht es weiter. Eure Erben, die werden möglicherweise dieses Haus verkaufen, und dann kommt eine neue Person, die an diesem Haus interessiert ist. Eine neue Generation zieht ein, und diese Generation geht zur Bank und sagt: „Wir möchten dieses Haus kaufen." Die Bank sagt nicht etwa: „Oh, das Haus wurde uns schon dreimal vom Vorbesitzer bezahlt." Nein. Sie verkauft es noch einmal! Willkommen in der Dualität!

Schaut euch doch einmal an, was der Planet Erde eigentlich ist. Ihr werdet geboren und verbringt siebzig, achtzig, vielleicht neunzig Jahre auf diesem Planeten. Ihr seid sozusagen seine Gäste – Gäste für eine bestimmte Zeit, und dann verabschiedet ihr euch wieder.

Ihr sammelt in dieser Zeit Erfahrungen und entwickelt euch weiter. Aber der grundsätzliche Anspruch, dass ihr in dieser kurzen Spanne, in der ihr euch hier befindet, ein Stück Erde euer eigen nennt, und das zu den eben erwähnten Bedingungen, ist aus unserer Sicht nicht sehr sinnvoll. Die Erde gehört jedem – jedem Gast gleichermaßen! Aber das, was ihr euch immer wieder neu erschafft, sind Lebensumstände. Und die erschafft ihr mit euren Gedanken und Entscheidungen!

Und es ist für den Umstand eures Lebens zweitrangig, ob ihr einen Mietvertrag habt oder eine Besitzurkunde. Ihr seid Gäste auf Zeit und dann geht ihr wieder! Und wenn ihr geht, nehmt ihr weder euer Geld noch euer Haus mit!

Meine Lieben, spielt einmal mit diesem Gedanken. Auf eure Zeitebene strömen neue Ideen ein. Neue Ideen, wie das Ganze gerechter verteilt werden könnte. Diese Ideen betreffen nicht nur eure Finanzen. Es geht dabei auch um die Freude im Leben, und es ist aus unserer Sicht genauso wenig sinnvoll, dass ihr hier vierzig oder fünfzig Jahre auf diesem Planeten arbeitet. Das ist überhaupt nicht gefragt! Das kann unmöglich der Sinn eures Lebens sein!

Ihr seid hier, um Spaß zu haben, um Vergnügen zu haben, um euch zu erfahren, um Freude zu empfinden, um Lernschritte zu machen. Dafür seid ihr hier, und ihr lernt am einfachsten, am leichtesten, wenn ihr in einer quietschvergnügten, springlebendigen, harmonischen Energie seid, wenn ihr voller Freude durch euer Leben tanzt, abenteuerlustig seid, neugierig wie Kleinkinder. Dann kommt ihr am besten voran.

Meine Lieben, aus unserer Sicht wird sich noch vieles verändern: Der Einfluss der Pharmakonzerne auf euer Gesundheitswesen ist verheerend. Euer Schulsystem ist überholungsbedürftig. Es gibt da eine ganze Menge Veränderungen, die auf euch zukommen.

Für euch ist es wichtig, dass ihr lernt, euer inneres Gleichgewicht zu halten. Ihr könnt immer ein Glas entweder als halb voll oder als halb leer betrachten. Das ist eure Sichtweise. Aber die Sichtweise entscheidet, ob ihr in einer positiven, bejahenden Energie seid oder in einer Energie des Mangels. Wir sind gekommen, um euch Mut in dieser Zeit der Veränderung zu machen und euch mit unseren Botschaften zu bereichern, sodass ihr bei der Erschließung eures göttlichen Potenziales einen Sprung nach vorne macht!

Seid gesegnet,

das waren *Meister Konfuzius* und *Meister Kuthumi*.

Meisterjahre

Der Frust ist der Treibstoff der Entwicklung

Konfuzius

Seid gesegnet, seid in der Liebe, das ist Meister Konfuzius.

Nun, meine Lieben, ihr alle habt euch auf ein Spiel eingelassen, in dem es darum geht, etwas zu gewinnen. Und dieses Spiel heißt: ein Leben in einer aufsteigenden Zeitebene! Ihr alle wart bereit, dafür gigantische Entwicklungsschritte zu vollbringen auf diesem irdischen Zeitplan, auf dem ihr euch jetzt mit eurem physischen Körper befindet.

Meine Lieben, vertraut euren eigenen Fähigkeiten. Ihr habt alles in euch, um diese Herausforderungen zu meistern. Manchmal kann es vorkommen, dass ihr, nachdem ihr euch euphorisch für diese Zeitebene gemeldet und einige Jahre in diesem irdischen Kontext mit all seinen Einschränkungen, mit dem Kanal des Vergessens verbracht habt, dass ihr dann glaubt, nicht fähig zu sein, die anstehenden Entwicklungsschritte zu vollenden. Dann liegt ihr sozusagen auf dem Rücken und fragt euch, was euch nur geritten hat, hier her zu kommen?

Und manchmal bildet ihr euch ein, dass ihr es wohl niemals schaffen werdet. Aber, meine Lieben: Wir möchten euch Mut machen! Entwicklung ist etwas, was wellenartig verläuft, und manchmal, wenn ihr am Anfang eures Weges steht, dann scheinen die Wogen sehr, sehr hoch und ihr fühlt euch hilflos hin- und hergeschüttelt von den Umständen, die euch etwas lehren möchten, was ihr in diesem Moment noch nicht so richtig versteht.

Aber allmählich, wenn ihr gelernt habt, eure innere Balance herzustellen und mit der Aufarbeitung zu beginnen, dann werdet ihr kontinuierlich immer reiner. Euer innerer göttlicher Funke beginnt zu strahlen und leuchtet. Ihr bekommt so etwas wie eine Ausstrahlung, ein Charisma. Und manchmal spürt ihr, dass ihr ein ganz tolles göttliches Wesen seid! Dann seid ihr tief mit euch zufrieden.

Und dann kann es vorkommen, dass wieder ein neuer Entwicklungsschritt aufwartet, dass ihr vorübergehend aus eurer Balance geworfen werdet und dass die Ereignisse wieder turbulenter werden und neue Herausforderungen und neue Entscheidungen auf euch warten.

Nun, meine Lieben, eine wichtige Aufgabe dieser Meisterjahre ist es, dass ihr lernt, in die innere Aufarbeitung zu kommen, ohne dass ihr euch hineingleiten lasst in den Schmerz, in das Leid – in eine Badewanne voller übelster Emotionen, voller negativer Erfahrungen – dass ihr leichter hindurchzuschreiten lernt.

Manchmal ist es so, dass etwas Altes bei euch anklopft und von euch erkannt werden möchte, und dann solltet ihr diesem Prozess Raum geben. Wenn ihr bereit seid, könnt ihr diese Aufgaben auch nachts in euren Träumen bearbeiten.

Und die Aufgestiegenen Meister und Erzengel stehen euch jederzeit zur Verfügung. Nur solltet ihr uns rufen und darum bitten, dass wir euch in diesen oder jenen Belangen unterstützen. Wir sind gerne bereit, euch bei allen anstehenden Entwicklungsschritten zu unterstützen, euch energetisch zu zeigen, wie ihr vorankommt und wie ihr es anstellen könnt, eure innere Balance zu finden. All das zeigen wir euch sehr, sehr gerne.

Schöpfermacht und der Traum vom Materialisieren

Konfuzius

Seid gesegnet, seid in der Liebe, das ist Meister Konfuzius.

Einige von euch hatten die Vorstellung, wie toll es doch wäre, wenn ihr mit eurer Gedankenkraft materialisieren könntet. Was ihr euch nicht alles erschaffen könntet! Wie einfach das Leben dann doch wäre!

Nun, meine Lieben, auf feinstofflicher Ebene könnt ihr das, und in eurem physischen Körper tut ihr das auch mit einer gewissen Zeitverzögerung. Und das ist auch zum momentanen Zeitpunkt eurer Entwicklung richtig und wichtig so! Denn wenn sich alle eure Gedanken, die euch so halb bewusst durch den Kopf spuken, augenblicklich materialisieren würden, dann hättet ihr noch viel mehr Chaos, als ihr das momentan schon habt.

Meine Lieben, es ist so, ihr verfügt über Schöpfermacht, und diese Schöpfermacht setzt ihr sehr persönlich ein, indem ihr euch innerlich bestimmte Dinge suggeriert. Ihr könnt euch zum Beispiel aus dem „ff" in einen angstvollen Zustand versetzen, euch selbst Stress machen oder euch abwerten, und das sind Zustände, die ihr in euch erschafft durch unbewusste oder wenig bewusste Gedanken.

Deshalb ist es in den Meisterjahren so außerordentlich wichtig, dass ihr beobachtet, was in eurem Kopf abläuft, was in eurer inneren Kommunikation geschieht, was ihr euch sozusagen still in eurem Inneren sagt.

Es ist wichtig, dass ihr euch selbst beobachtet und auch erkennt, welche Zustände ihr dadurch in euch hervorruft. Natürlich ist es bis zu einem gewissen Grad einfacher, wenn ihr die Probleme, die ihr als Schöpfer in euch erzeugt, außen vor haltet und euch vorgaukelt, dass das nichts mit euch zu tun hat, dass es etwas ist, was euch sozusagen überrollt und ihr vollkommen unschuldig daran seid.

Wenn ihr aber in die Selbstbeobachtung geht, wenn ihr ehrlich seid mit euch selbst, dann kommt ihr in einen sehr intensiven Entwicklungsprozess. Ihr werdet dann konfrontiert mit eurer ureigenen

Schöpfermacht. Und diese Schöpfermacht erkennt ihr für gewöhnlich erst einmal an den Angelegenheiten, bei denen ihr sie falsch einsetzt!

Das kann zu Anfang etwas ernüchternd sein, aber wenn ihr bereit seid, euch diese „Miss-Schöpfungen" anzuschauen, dann habt ihr auch das notwendige Werkzeug gefunden, um es zu verändern. Ihr werdet feststellen, dass es nicht so bleiben muss, dass es nicht notwendig ist, dass ihr euch am Morgen Stress macht und Druck auf euch selbst ausübt, dass es auch nicht notwendig ist, dass ihr euch selbst abwertet oder durch Schuldgefühle herabzieht.

All diese Lebensumstände sind korrigierbar, verzeihlich, und ihr erkennt, dass ihr dadurch immer mehr in eure Schöpfermacht kommt – in euer Potenzial, welches eines Tages bewusst darauf ausgerichtet sein wird zu materialisieren. Aber das dauert noch eine Zeit! Eure Schöpfermacht wird Schritt für Schritt erhöht. Und wenn ihr euch ehrlich selbst beobachtet, dann wisst ihr auch, dass eure Gedanken noch nicht so rein sind, dass es gut wärc, wenn ihr morgen schon materialisieren könntet!

Meine Lieben, wir legen euch ans Herz: Beobachtet eure innere Kommunikation und geht liebevoll mit euch selbst um und nehmt eure Schöpfermacht, die im Inneren ruht, Schritt für Schritt an und benutzt sie so, dass ihr die Magie, die Göttliche Größe, die in euch schlummert, immer mehr zum Ausdruck bringt.

Fragen zum Thema

Frage:

Meine Frage ist mir ein wenig peinlich. Manchmal habe ich nicht mehr viel Lust, in der Physis zu funktionieren. Könnt ihr dazu etwas sagen?

Konfuzius

Nun, meine Liebe, deine Seele spürt eine gewisse, natürliche Sehnsucht nach dem Ende des Inkarnationszykluses. Das ist jetzt bei vielen verbreitet. Und diese Sehnsucht singt ein Lied von der nächsten Entwicklungsebene. Und diese Entwicklungsebene ist der Platz auf dem Regenbogen. Wenn ihr diese letzte irdische Inkarnation hinter euch gebracht habt, dann kommt ihr zu den Aufgestiegenen Meistern. Ihr seid die künftigen Aufgestiegenen Meister. Und dieser Dienst, diese Aufgabe, ist in dem Sinne nichts Besonderes, was ihr anbeten und verherrlichen müsstet. Denn ihr steht auf der Stufe, die darunter ist! Und wenn ihr dann dort seid, könnte es eure Aufgabe sein, die Menschen zu betreuen, die ein wenig nach euch diesen Inkarnationszyklus in der Physis begonnen haben, die irgendwann wiederum euch ablösen werden. So geht das alles Hand in Hand.

Und wir möchten dir ans Herz legen, dass du deine Sehnsucht, dein Heimweh nicht überquellen lässt. Wenn das Heimweh, die Sehnsucht ganz besonders stark ist, dann hat es immer zu bedeuten, dass du dich danach sehnst, im gegenwärtigen, physischen Leben noch eine Veränderung zu vollziehen. Es signalisiert dir, dass du noch nicht ganz zufrieden bist mit der Gegenwart. Und da wartet möglicherweise noch Arbeit auf dich. Frage dich, welche Lebenssituation dich frustriert? Wo spürst du Unzufriedenheit? Was möchtest du gern verändern?

Frage:

Manchmal habe ich das Gefühl, dass ich gar nicht richtig mit meinem Körper verbunden bin. Mein physisches Leben erscheint mir manchmal unreal, weil ich häufig gedanklich spazierengehe. Ich frage mich, ob ich nicht intensiver in der Physis verankert sein müsste?

Kuthumi

Nun, meine Liebe, du hast eine alte Seele! Was erwartest du? Du wirst dir dabei immer bewusster, dass du ein Geistwesen bist, welches zurzeit die letzte irdische Inkarnation hinter sich bringt. Da ist es normal, dass du dich mehr mit deinen Gedanken – mit dem Geistigen – verbunden fühlst als mit der physischen Realität. Es ist ein natürlicher Prozess! Mache dir darum keine Sorgen!

Du solltest nur dann gegensteuern, wenn du dir aufgrund deiner inneren Ausrichtung blaue Flecken in der Materie holst!

Antwort:

Das passiert mir eigentlich nie!

Kuthumi

Siehst du! Die alte Seele kann auch rasch umschalten! Lass diesem Prozess seinen Lauf! Es ist alles in Ordnung mit dir!

Gesundheit

Krankheitssymptome durch die Schwingungserhöhung

Konfuzius

Meine Lieben, ihr seid auf den Planeten Erde gegangen, in eine Zeitebene, die aufgrund der Einstrahlung der Ursonne und des Transmitters eurer physisch sichtbaren Sonne einen Prozess der Schwingungserhöhung durchläuft. Dieser Prozess der Schwingungserhöhung wirkt sich auf eure Erde aus, auf das Magnetfeld, das sie umgibt, und auf alles, was sich gegenwärtig auf dieser Erde befindet. Ihr könntet das Gefühl haben, dass die Zeit davonläuft – dass sie sehr viel schneller abläuft. Ihr könntet das Gefühl haben, dass euer Leben aus den geregelten Bahnen geworfen wird und dass die Ereignisse sich überschlagen. Aber all das hat zu tun mit der Schwingungserhöhung eures Planeten.

Eure Erde wird aus dem Dornröschenschlaf, so möchten wir es einmal nennen, herausgehoben, damit ihr die Chance habt, euren Inkarnationszyklus wieder zu beenden, damit ihr die Chance habt, aufzuwachen, wach zu werden. In eurer Zeit sind sehr viele Phänomene, die den physischen Körper betreffen, verbreitet. Viele Menschen entwickeln Symptome und gehen durch tiefe, einschneidende Entwicklungsprozesse.

Das ist auch so vorgesehen. Wenn sie bereit sind, sich zu öffnen, wenn sie bereit sind, ihre Seele zu erkennen, diesen physischen Körper in Liebe anzunehmen und die Macht ihrer Gedanken zu erkennen, dann wird sich dieser Prozess im Einklang mit eurem inneren Plan entfalten. Viele von euch, die vertraut sind mit der Medizin, mit Menschen, die unter diesen Aufstiegsschwierigkeiten leiden, viele von euch kennen die Symptome, die auftauchen. Mediziner, die ausgerichtet sind auf die Schulmedizin, auf Messgeräte und auf die technischen Möglichkeiten eurer Medizin, sind am Diagnostizieren, sind am Einteilen und Kategorisieren und finden viele neue Krankheitsbilder, die sie mit Hingabe nummerieren und etikettieren.

Solche Auswüchse sind besonders intensiv in einer aufsteigenden Realitätsebene. Aber wenn man diesen Prozess von weit oben betrachtet, dann sind es nichts weiter als Schwierigkeiten beim Erwachen. Ihr dürft euch das so vorstellen: Ihr alle habt sehr viele Inkarnationen gehabt, und in der Dreidimensionalität seid ihr weitgehend unbewusst. Ihr handelt nach dem, was euch die Gesellschaft vorgibt, und ihr könnt auch längere Zeit negativ denken, ohne dass es unmittelbare Auswirkungen auf euer Leben hat.

Und nun wird euer Bewusstsein in der Schwingung erhöht. Dadurch verkürzt sich auch der Zeitraum zwischen der Aussendung eurer Gedanken, Ansichten, Wahrheiten und ihrer äußeren Wirksamkeit in Form von Symptomen, von Krankheiten, aber auch von Blockaden und Erfahrungen, die ihr in euer Leben zieht. Diese Widerspiegelung erhöht sich, zeitlich gesehen. Ihr habt jetzt kein halbes Leben mehr Zeit, bis ihr spürt, dass negative Gedanken und Lebenslügen Auswirkungen auf euer Leben haben und dass damit Ereignisse in euren Alltag hineingezogen werden. Es geht sehr, sehr viel rascher! Der Körper sagt euch sinngemäß: Erwache, werde wach, werde dir bewusst, dass du über Schöpferenergie, über Macht, über die Möglichkeit, dein Leben zu gestalten, verfügst und dass deine Gedanken Auswirkungen auf dein Leben haben!

Werde dir bewusst, dass du deinen Körper lieben solltest, ihn annehmen solltest! Höre auf zu kämpfen oder dich als Opfer zu erfahren! All diese Dinge sagt der Körper auf sehr, sehr unterschiedliche Weisen. All das dient im eigentlichen Sinne eurem Erwachen. Es ist die Rüttelphase, damit ihr die Chance habt, euch jetzt eurer Seele bewusst zu werden und der Möglichkeiten, die in euch schlummern.

Fragen zum Thema

Frage:

Wir wollen wissen, wie die Zukunft in der Heilung, im Gesundheitswesen aussieht. In welche Richtung geht die Heilung, und welchen Stellenwert hat die Schulmedizin?

Kuthumi

Wir möchten es so ausdrücken: Eure Schulmedizin hat vor ca. hundert, zweihundert Jahren begonnen, eine echte Humanmedizin zu entwickeln und wirklich die Menschen zu unterstützen. Es wurden damals Hospitäler gebaut – im Orient war diese Entwicklung noch früher verbreitet – und Menschen wurden medizinisch versorgt, wenn sie es nötig hatten.

Nun, damals geschah das aus Liebe, mit Achtung vor dem Menschen. Man hatte ein Gefühl, ein Gespür, was notwendige Eingriffe waren und was nicht. Nun ist eure Schulmedizin in ihrer Entwicklung geradezu explodiert. Pharmakonzerne legen heute sehr viel Wert darauf, ihre Produkte flächendeckend zu vermarkten, und das hat wenig mit dieser ursprünglichen Humanmedizin zu tun. Verdienstmöglichkeiten werden gnadenlos ausgeschöpft. Kliniken operieren am Fließband, und Patienten werden systematisch von Tabletten abhängig gemacht, indem ihnen von der Krankenversicherung vorgeschrieben wird, in welche Richtung eine Behandlung zu laufen hat. Und all das hat sich sehr, sehr entfernt von der ursprünglich guten Idee.

Nun, meine Lieben, von diesem aufgeblasenen System wird nicht allzu viel übrig bleiben. Es wird kaputt gehen! Es gibt eine Menge alternativer Möglichkeiten, z.B. die Homöopathie, die Schüsslersalze, Chinesische Medizin, Bachblüten und dergleichen mehr. Sie werden auch in der Zukunft weiter existieren. Auch chemische Arzneimittel wird es weiter geben, sie sind für akute Notfälle und schmerzhafte Eingriffe wertvoll, weil sie unmittelbar wirken. Aber sie sind nicht für dauerhafte Einnahme über Wochen und Monate vorgesehen, wie das momentan verbreitet ist. Für eine längere Einnahme würden wir pflanzliche Medikamente empfehlen. Sie haben keine Nebenwirkungen und belasten euren Körper nicht. Und sie wirken unmittelbar auf die Ursache und lösen einen natürlichen Heilungsprozess aus.

Eure Pharmaindustrie, die eine Menge Produkte herstellt, die von den meisten Personen aufgrund der Schwingungserhöhungen und der Bewusstwerdung überhaupt nicht mehr vertragen werden, sie wird entweder ihre Produkte umstellen oder darauf sitzenbleiben.

Ihr werdet euch mehr und mehr nach natürlichen Heilmethoden umsehen. Das Gesundheitssystem, wie es jetzt bei euch verbreitet ist, mit Krankenscheinen, Versicherungen und dergleichen, wird aufhören zu existieren. Aber wann das soweit ist, das liegt bei euch. Genauso liegt es auch bei euch, Verantwortung zu zeigen für die Art und Weise, wie ihr euch behandeln lasst. Und einige werden aufgrund ihrer Leichtgläubigkeit Erfahrungen machen, bei denen sie spüren: Das war der falsche Weg!

Nun, meine Lieben, letztendlich ist es so: Wenn ihr euch im Kollektiv im Paralleluniversum eingeklinkt habt – und das wird nicht so sein, dass mit dem Jahr 2012 eine schlagartige Veränderung einhergeht, denn diese Veränderungen kommen langsam – dann wird sich das alte System wandeln, und mit eurem inneren Wohlgefühl, mit eurer Ausrichtung auf Lebensfreude, auf Lebensqualität wird sich auch eure Gesundheit stabilisieren; so, dass möglicherweise nach einer bestimmten Zeit, vielleicht nach 100 Jahren, eine Krankenbetreuung, wie ihr sie heute kennt, nicht mehr notwendig ist.

Frage:

Ich beobachte in letzter Zeit, dass es in meinem Bekanntenkreis immer öfter vorkommt, dass es längere Phasen eines allgemeinen Schlechtgehens gibt. Die Leute sind dann depressiv, kommen mit dem Leben nicht mehr so recht klar, machen sich viele Gedanken. Diese Phasen gehen auch wieder vorbei, aber sie sind sehr intensiv und sehr schwer. Kannst du dazu etwas sagen, was uns helfen kann, durch diese Phasen zu gehen?

Kuthumi

Meine Liebe, es ist so, ihr habt euch zur Inkarnation einen aufsteigenden Planeten erwählt, weil ihr dadurch intensiver in den Prozess der Bewusstwerdung hineinkommt. Das war eure Wahl!

Dieser Aufstieg der Erde verläuft folgendermaßen:

Von 1987 an bis zum Jahr 2012 wird systematisch von der Ursonne her die Schwingung auf diesem Planeten erhöht. Diese Schwingungserhöhung geschieht in einem bestimmten Rhythmus. Früher war es so, dass im September, im Januar und im Mai – in diesen drei Monaten, Schwingungserhöhungen stattfanden. Heute ist der Rhythmus intensiviert und es kommt alle zwei Monate eine neue Welle.

Diese erhöhte Energie bringt das, was ihr in eurem Inneren an Gedanken und Emotionen pflegt, hoch. Es wird aufgekocht wie ein Teeaufguss und verstreut sich schneller. Und wenn ihr in negativen Gedanken seid, in erduldeten Lebenssituationen, dann geht ihr durch eine Phase der Depression, ihr werdet konfrontiert mit eurer Eigenart, zu denken und zu leben – mit eurer Eigenart, eure göttliche Freiheit zu verbiegen!

Es gibt bestimmte Schübe, in denen sich diese Schwingungserhöhung in eurem Körper von Chakra zu Chakra fortsetzt, nämlich durch alle sieben Hauptchakren in bestimmten zeitlichen Abständen, die euch auf das nächsthöhere Niveau anheben. Und alle Umstände eures Lebens, in denen ihr euch selbst beschnitten habt, senden bedrückende Gefühle aus und damit die stumme Aufforderung zur Veränderung.

Das sind die Meisterjahre, die du reihum beobachten kannst!

Es sind die Personen, die weitgehend unbewusst durchs Leben gehen oder die es nicht für nötig halten, ihre Gedanken zu revidieren und die Verantwortung für ihre Lebenssituation, Gefühle und

Handlungen zu übernehmen, die am stärksten von diesen Schwingungserhöhungen getroffen werden!

Frage:

Ich habe eine medizinische Frage: Wie wichtig ist der sogenannte Cholesterinspiegel? Er ist bei mir leicht erhöht, und ich habe dafür Tabletten verordnet bekommen. Ist das in jedem Fall notwendig?

Konfuzius

Wir können dir über diesen Channel keine fundierten medizinischen Auskünfte erteilen. Nur Folgendes allgemein:

Der Cholesterinspiegel steht für den Blutfettwert.

Nun ist es so: Viele eurer Mediziner haben die Fähigkeit der Intuition, das Sich-Einfühlen-Können, verlernt. Und aus dieser Unsicherheit heraus haben sie sich mit festgelegten Messwerten beholfen, die ein gesunder Mensch angeblich haben sollte. Nun sind diese Messdaten zuweilen etwas eng gezogen. Denn sicher ist sicherer!

Sie haben also auf diese Weise eine Möglichkeit geschaffen, zu kontrollieren, wie sie einen Patienten einstufen können. Erfüllt er die vorgegebenen Parameter oder nicht? Es ist ein Zeichen eurer Zeit! Sie haben Angst, dass ein Mensch, der zu viel Fett im Blut hat, vielleicht andere Erkrankungen entwickeln könnte. Wenn eine Person übergewichtig ist und sich vorwiegend an Pommes-Buden ernährt, ist diese Angst berechtigt.

Ein Mediziner, der über Erfahrung, Menschenkenntnis und Einfühlungsvermögen verfügt, wird nicht in jedem Fall mit Tabletten reagieren. Es ist dieses Abwägen, bei wem eine Behandlung sinnvoll ist und bei wem nicht, und diese kommt aus der Intuition, sie ist nicht an Universitäten erlernbar!

Dabei gibt es auch den gegenteiligen Part: Wenn nämlich der Cholesterinspiegel zu tief sinkt, ist ein Mensch auch nicht lebensfähig. Das nur als Randbemerkung! Wir wollen dir damit keine Angst machen! Sie trifft nicht auf dich zu! Das Fett, das in euren Adern zirkuliert, ist also auch von Bedeutung. Und es geht weniger darum, dass ihr mit euren Körpern Messvorgaben erfüllt. Wichtiger ist das persönliche Wohlgefühl. Es sollte nicht so ausarten wie bei der Rosenzucht, bei der ihr zwar schöne Formen und leuchtende Farben erschaffen habt, doch der Duft dabei auf der Strecke geblieben ist!

Wichtig ist dein persönliches Wohlgefühl!

Wenn du deine Tabletten als überflüssig ansiehst, dann konsultiere doch einen anderen Arzt, dem du Menschenkenntnis und Intuition zutraust, und lasse dich von dem beraten. Beantwortet das deine Frage?

Antwort:

Ja, vollkommen!

Frage:

Seit ich nach dem Krankenhausaufenthalt in der Kur war, spüre ich, dass ich im Rückenbereich mehr verspannt bin. Kann es sein, dass ich mir da irgendetwas aufgeladen habe? Was ist die Ursache dieser Verspannung?

Konfuzius

Meine Liebe, wir möchten dich etwas fragen: Seit wie vielen Jahren suchst du jetzt in dir nach Mustern, nach alten Prägungen, nach irgendwelchen Zellerinnerungen? Wie lange betreibst du das?

Antwort:

Ich weiß nicht, seit vielen, vielen Jahren.

Konfuzius

Und wie geht es dir in diesen Jahren der Analyse?

Antwort:

Eigentlich nicht gut! Ich fühle mich kraftlos, ohnmächtig und auch körperlich eher krank!

Konfuzius

Hast du immer noch nicht die Nase voll?

Antwort:

Doch, ich habe sie voll!

Konfuzius

Nun, meine Liebe, es ist so: Du hast lange, lange Zeit geackert, an allem, was nur irgendwie greifbar war. Aber das weißt du selbst. Und was du übergeordnet deinem Körper und deiner Seele mit dieser Analyse vermittelst, ist: „So wie du gegenwärtig bist, bist du nicht richtig! Aber warte nur: Ich werde dich reinigen, alle Blockaden beseitigen, mit Licht bestrahlen, dich ins Göttliche erheben und jedes Pieken auf seine Ursache hin untersuchen! Ich bekomme dich schon noch hin!“

Einwurf:

Und was soll daran falsch sein? So habe ich es gelernt!

Konfuzius

Du bist dabei im Kampf mit deiner Göttlichkeit und vertreibst sie damit aus deiner Gegenwart! Deine göttliche Unversehrtheit – dein Charisma einer Schöpfergöttin – findest du nur im Hier und Jetzt!

Es ist ein Seinszustand in dir, der augenblicklich fühlbar, aber nicht erarbeitbar ist! Erarbeiten möchte ihn dein Ego! Du bist aber bereits göttlich! Es ist deine Natur! Begreife, was du da in dir treibst!

Frage:

Ich habe eine Frage zu Impfungen: Sind Impfungen heutzutage überhaupt noch sinnvoll oder schaden sie mehr?

Kuthumi

Aus unserer Sicht ist es so, dass die Erfindung des Impfstoffes zur damaligen Zeit eine gute Sache gewesen ist, weil dadurch bestimmte Erkrankungen eingedämmt wurden. Es besteht auch ein sehr großer Zusammenhang zwischen hygienischen Bedingungen und Epidemien. Früher habt ihr euer Wasser am Dorfbrunnen geholt, ihr habt verhältnismäßig wenige Bäder genommen, es wurde seltener Wäsche gewaschen, und ihr habt manchmal sogar mit euren Nutztieren den Raum geteilt. Nun hat sich das in den Industrieländern so gestaltet, dass die hygienischen Mängel weitestgehend ausgeschlossen sind.

Ihr seid heute aufgeklärt über Hygiene, und das hat beträchtlich dazu beigetragen, dass verschiedene Krankheiten, die sich beispielsweise im Mittelalter epidemieartig ausgebreitet haben, fast vollkommen verschwunden sind. Aus unserer Sicht ist es so, dass Impfungen in eurer Region heute nicht notwendig wären.

Bei euch ist es verbreitet, dass neugeborene Kinder gegen alle erdenklichen Krankheiten, die in den letzten einhundert Jahren eine Rolle gespielt haben, geimpft werden. Das bedeutet, sie bekommen einen Keim dieser Krankheit in den Körper gespritzt. Der Körper muss sich dann mit dieser Infizierung auseinandersetzen und das ist ein innerer Kampf, der aus unserer Sicht nicht immer sinnvoll ist, weil dabei auch Nebenwirkungen entstehen, beziehungsweise der Körper in eine Art Panik und künstlichen Kampf versetzt wird.

Frage:

Trägt diese Panik, von der du gerade gesprochen hast, dazu bei, dass sehr viele junge Menschen sehr ängstlich sind? Dass sie diese Angst womöglich mit dieser Impfung übertragen bekommen haben?

Kuthumi

Das ist aus unserer Sicht weniger der Fall. Die Ängste, von denen wir sprachen, beziehen sich auf den inneren Kampf gegen den Eindringling, der gespritzt wurde. Die Ängste, von denen du sprichst, die werden ihnen im Elternhaus oder durch die Medien vermittelt.

Frage:

Gibt es eine Möglichkeit, diesen inneren Kampf auszuleiten?

Kuthumi

Es gibt mehrere Möglichkeiten. Einmal geschieht dies über die körpereigenen Selbstheilungskräfte von allein. Das ist der eine Punkt.

Und im Übrigen ist es so, dass sich euer Zellsystem, das heißt, alles, was euren materiellen Körper als solchen ausmacht, in einem ständigen Veränderungsprozess befindet. Dieser Veränderungsprozess wirkt dahingehend, dass sich euer Zellsystem in einem bestimmten Rhythmus vollkommen neu erschafft.

Es ist vielmehr euer Bewusstsein, das das Krankheitsbild erhalten kann und länger als nötig darin behält! Lasst uns das klarer ausdrücken: Wenn ihr den intensiven Glauben habt, dass eine Impfung in der Kindheit oder eine Medikamentierung, die ihr in jungen Jahren zu euch genommen habt, euren Körper für immer gezeichnet hat, dann sagt ihr in gewisser Weise zu euren Zellen: Erhalte mir diese uralte Krankheitserinnerung!

Es kommt entschieden darauf an, wie ihr diesbezüglich denkt!

Wenn ihr glaubt, dass diese Medikamentierung euren gesamten Körper auf Lebenszeit gezeichnet hat, dann wird das so geschehen. Wenn ihr im Gegensatz dazu daran glaubt, dass sich euer Zellsystem ständig erneuert und dass es der natürliche Zustand eures Körpers ist, ein gesundes, kraftvolles Menschsein zu erschaffen, dann wird sich dieses realisieren!

Allergien

Frage:

Heute sind Allergien sehr verbreitet. Könntet ihr uns etwas über den psychologischen Hintergrund sagen?

Kuthumi

Seid gesegnet, seid in der Liebe, das ist Meister Kuthumi. Lasst uns also über Allergien sprechen:

Meine Lieben, es ist so: Zuweilen haben sich da bei euch etwas irrige Vorstellungen eingeschlichen. Da gibt es Personen, die glauben, dass irgendwelche harmlosen Stoffe die Macht haben, in ihnen sehr vehemente körperliche Reaktionen hervorzurufen. Wie ihr Allergien in euch erschafft, das möchten wir euch gern an einem Beispiel erklären:

Angenommen, da gibt es einen jungen Mann und eine junge Frau. Sie sind beide vollkommen gesund, heiraten und sie ziehen ins Haus der Eltern des Mannes, weil da eine leere Wohnung zur Verfügung steht. Da gibt es also in diesem Haus bereits Personen, die sich von früher her kennen, und da gibt es auf der anderen Seite die junge Frau, die als Schwiegertochter mit in diese Welt aufgenommen wird. Angenommen, die Mutter des Ehemannes ist der Meinung, dass ihr liebenswerter Sohn doch eigentlich etwas Besseres verdient hätte! Eine Gattin, die zumindest irgendetwas vorzuweisen hat.

Vielleicht wäre ihr eine bekannte Filmschauspielerin genehm. Eine Dame mit Adelstitel oder einem Doktorgrad, der ausdrückt, dass diese Person etwas Besonderes ist!

Aber nein, dieser egoistische Sohn nimmt sich da einfach nur ein nettes, junges Mädchen, die den Ansprüchen der Schwiegermutter leider überhaupt nicht gerecht wird! Die junge Frau ist liebenswert und immer darauf bedacht, ihren Schwiegereltern zu gefallen. Sie möchte anerkannt werden und in ihrer Stellung als Schwiegertochter respektiert.

Nun, diese Rechnung hat sie ohne die Schwiegermutter gemacht! Diese hegt einen regelrechten Groll auf den Fehlgriff ihres Sohnes! Sie hat eine Wut auf die Frau ihres Sohnes, und diese kann ihr offensichtlich auch nichts recht machen. Ganz anders der Schwiegervater, er ist angetan von der liebenswürdigen, jungen Frau, die ganz und gar nichts von einem Drachen hat! Die Schwiegermutter steht mit ihren Ansichten also ziemlich auf verlorener Flur. Nun sind also schon zwei Männer ihres Haushaltes diesem Huhn verfallen!

Es wird also Zeit, dass sie handelt! Bisherige verbale Spitzen haben nicht den nötigen Erfolg gebracht. Sie fängt an, ihre Schwiegertochter zu beobachten und mit Nachbarinnen darüber zu sprechen. Schließlich braucht sie Verbündete in ihrem Kampf!

Die junge Frau, die zugezogen ist, fühlt sich zunehmend unwohl. Sie spürt, dass ihr die Schwiegermutter nicht wohlgesonnen ist und dass da etwas hinter ihrem Rücken abläuft. Aber sie glaubt, wenn sie sich unterordnet, wenn sie besonders höflich ist, wenn sie jedes Mal lächelt, wenn die Schwiegermutter kommt, dann wird sie es ihr irgendwann einmal recht machen. Aber der Kampf geht unterschwellig über Jahre weiter. Die Schwiegermutter nimmt wahr, dass die junge Frau jedem Streit ausweicht, und daraus schließt sie, dass die junge Frau nicht nur ungeschickt ist, sondern obendrein noch dumm. Sie wird möglicherweise ihren Sohn auf Fehler aufmerksam machen und weiterhin mit Nachbarinnen hetzen.

Nehmen wir einmal an, der Sohn steht zu seiner Frau, möchte es sich aber nicht mit seiner Mutter verderben, zieht sich zurück, wenn es ums Partei-Ergreifen geht, und tut so, als wäre nichts gewesen. Und auf diese Weise geht der kalte Krieg immer weiter. Die Schwiegertochter versucht auch jetzt noch, der Schwiegermutter zu gefallen. Sie wagt keine Widerworte zu geben. Und das animiert die Schwiegermutter eines Tages, ihr auch noch hin und wieder ein paar Fallen zu stellen, sie anzuklagen, sie niederzumachen, ihr bestimmte Arbeiten zunichte zu machen und dergleichen mehr.

Und dann läuft in der jungen Frau Folgendes ab: Sie hat eine Menge hineingefressenen Ärger, Zorn, den sie nie gewagt hat anzusprechen. Die freien Radikalen schwirren durch ihren Körper und suchen eine Gelegenheit sich auszudrücken. Aber die Schwiegermutter ist als Angriffsfläche tabu. Da der Sohn sich neutral verhält und die Schwiegermutter weiter ihre Bosheiten ausheckt und die junge Frau auch weiter glaubt, sie könne durch Güte und Nettigkeit zum Ziel kommen, kann ihr Körper das, was in ihr an Wut zirkuliert, nirgends loswerden. Zumindest nicht verbal, was ein Ventil wäre. Also entwickelt der Körper andere Symptome. Die junge Frau beginnt zu schwitzen, bekommt Ausschlag, hat heftige Niesanfälle. All das sind Ventile, um den Gemütszustand, den sie in sich hineingefressen hat, zu verarbeiten. Sie wird möglicherweise zum Arzt gehen und dann wird diagnostiziert, gegen was sie alles allergisch ist.

Was glaubt ihr, was bei der Untersuchung herauskommt? Die Schwiegermutter ist als Testmittel nicht vorhanden. Aber da gibt es andere harmlose Stoffe, die herhalten müssen, weil die Situation im Haus nicht zu bereinigen ist. Versteht ihr den möglichen Hintergrund von Allergien?

Die Situation im Haus schafft den Nährboden für Erkrankungen!

Wenn ihr also um der Harmonie willen euren Mund haltet und still leidet, obwohl in eurem Inneren verbale Schlachten ablaufen und es euch auf der Zunge liegt, „Nein!“ zu sagen, dann kehrt ihr euren eigenen Bedürfnissen den Rücken zu. Ihr verbiegt euch für andere und stellt eure eigene Wichtigkeit hintan.

„Hauptsache, die anderen sind mit mir zufrieden! Und wie es in mir aussieht, geht keinen etwas an!“ Was dabei in euch entsteht, ist eine Art Dampfkessel, voll gefüllt mit unausgesprochenem Druck. Das Ventil zum Druckabbau wäre euer Mund, er sollte sich öffnen und das aussprechen, was für euch unannehmbar geworden ist.

Bleibt aber euer Mund verschlossen, dann sucht sich euer Körper ersatzweise einen harmlosen Stoff, den er bekriegen kann. Der Grashalm, der Partikel in der Luft, das kreuzgefährliche Hundehaar werden zu Gegnern, die euch den Hals zuschnüren und eure Haut kribbeln lassen, sodass ihr heraus „fahren" möchtet. Und das alles nur, weil ihr auf zwischenmenschlicher Ebene den Friedensstifter spielt!

Was könntet ihr also tun, wenn ihr unter Allergien leidet?

Ihr könntet euch überlegen, wem in eurem Umfeld ihr gestattet, euch unter Druck zu setzen!

Wenn ihr merkt, da kommt ein allergischer Schub, dann fragt euch, auf welche Person, mit der ihr in den letzten Stunden zusammengetroffen seid, reagiert ihr allergisch? Wo habt ihr eure eigenen Bedürfnisse verraten?

Das ist der erste Schritt, aber damit ist die Angelegenheit noch nicht geregelt, denn was noch aussteht, ist die Aussprache – das Grenzensetzen! Ihr seid es eurer Seele schuldig, für euch selbst zu sorgen!

Alzheimer

Frage:

Ich besuche regelmäßig einen alten Mann im Altenheim und sehe dort das Elend der Menschen. Nun habe ich eigentlich gelernt, dass alles einen Sinn hat. Welchen Sinn hat diese Pflegebedürftigkeit oder auch Demenz bei so vielen Menschen zurzeit?

Kuthumi

Es gibt keine allgemeingültige Antwort darauf!

Aber es gibt Tendenzen, aus denen sich Alzheimer oder auch Pflegebedürftigkeit entwickeln könnten:

Zum Beispiel beobachten wir, dass manche dieser dementen Personen bestimmte Handlungen aus ihrer Vergangenheit verdrängt haben. Das sind oftmals gewaltsame oder triebgesteuerte Taten, die ihnen auf der Seele lasten. Häufig werden sie dann von Albträumen verfolgt, und diese bekämpfen sie dann mit Betäubungsmitteln. Das wäre jetzt eine mögliche Ursache.

Es kann aber auch sein, dass sie in ihrer Kindheit zu kurz gekommen sind, dass sie das Umsorgt- und Gehätschelt-werden nicht ausreichend erlebt haben und sich im Alter wünschen, dass ihnen diese Erfahrung zuteil wird.

Ein anderer Personenkreis hat schlicht und einfach Angst vorm Sterben. Sie klammern sich mit aller Macht an einen verfallenden Körper fest, weil sie glauben, dass der Tod das Ende ist, oder befürchten, in die Hölle zu kommen.

Und dann gibt es noch einen weiteren Grund, der etwas skurril anmutet: In eurer aufsteigenden Zeitebene gibt es sehr viele Seelen, die sehr genau wissen, dass sie diese Schwingungserhöhung, die immer stärker wird, von ihrem Seelenalter her jetzt noch nicht erreichen können. Sie wissen, dass das nicht ihre letzte Inkarnation sein wird. Und es gibt im jenseitigen Bereich so eine Art Wettbewerb: wer am längsten aushält! Verschiedene Seelen machen sich ein Vergnügen daraus, lange hier auszuharren. Sie können dann erzählen, wenn sie verstorben sind: Ich habe durchgehalten bis zu der und der Schwingungserhöhung, und ich habe noch ein Jahr länger durchgehalten und so weiter. Das ist so eine Art Wettspiel. Nun, es ist nicht wirklich sinnvoll, weil die Seele, die in einem Zustand von Alzheimer gefangen ist, diese Entwicklungsschritte mit wachem Geist niemals meistern könnte und so keine wirklich nachhaltige Erfahrung macht.

Vegetarier

Frage:

Ich bin Vegetarier geworden aus der Überzeugung, dass die Tiere das Leben genau so lieben wie wir Menschen und dass wir insofern kein Recht haben, die Tiere zu töten und zu verspeisen. Ist mein Gedankengang falsch?

Konfuzius

Erst einmal ist es so, dass du dann Vegetarier werden solltest, wenn du in deinem Inneren starke Impulse empfindest, dass du den Fleischverzehr reduzieren möchtest. Das geht nicht über den Verstand!

Wenn du dich zu etwas zwingst und dabei auf Körperebene noch nicht soweit bist, dann läufst du in eine Sackgasse!

Es ist so, mein Lieber: ihr seid in einem physischen Körper, und dieser physische Körper benötigt auch physische Energien. Das heißt, es gibt zwar bei euch jetzt auch die Möglichkeit, ohne Nahrung auszukommen, aber wir würden das zum gegenwärtigen Zeitpunkt niemandem raten, weil diese Dinge nur dann möglich sind, wenn ihr wirklich auf einer sehr, sehr hohen Entwicklungsstufe seid.

Es ist für Notfälle gut, wenn ihr euch damit auseinandersetzt oder zumindest davon gehört habt. Es ist sicherlich sinnvoll, dass ihr bestimmte Essgewohnheiten überprüft und verändert, aber du solltest dich keineswegs zum Vegetarier vergewaltigen. Es ist so, meine Lieben, wenn ihr in eurem Inneren deutlich spürt, dass euch bestimmte Speisen herunterziehen, dass sie euch nicht gut tun, dann verändert es, aber tut es nicht aus dem Verstand heraus. Es gibt Menschen, die steigern sich in eine Abneigung hinein, die von verzerrten Argumenten aus dem Ego geboren wird.

Alles auf irdischer Ebene folgt einem biologischen Kreislauf und letztendlich dient alles einander als Nahrung. Wenn ihr achtsam seid, wenn ihr schaut, wo ihr die Produkte, die ihr zu euch nehmt, einkauft, was euch gut tut, dann ist das vollkommen in Ordnung!

Spüre in dir, wann du bereit bist, Vegetarier zu werden. Wenn du es aus dem Ego heraus tust, ist es oftmals so, dass dein Körper dann mit Mangelerscheinungen reagiert, und das ist nicht Sinn der Sache!

Du solltest es wirklich nur dann tun, wenn du aus deinem Inneren ein deutliches Signal verspürst, und auch dann, wenn du dieses Signal spürst und vegetarisch lebst, solltest du weiterhin auf deine inneren Bedürfnisse achten. Falls du irgendwann einmal den Impuls bekommst, dass du z.B. auf einen Hühnerschenkel Appetit hast oder auf Fisch, dann gib dem nach. Euer Körper vermeldet euch durch den Appetit, was er gerade benötigt, und ihr solltet nichts zwanghaft tun.

Liebe und Partnerschaft

Erfüllte Partnerschaften und alte Rollenspiele

Kuthumi

Seid gesegnet, seid in der Liebe, das ist Meister Kuthumi.

Meine Lieben, ihr habt schon sehr, sehr oft inkarniert und aufgrund dieser vergangenen Leben habt ihr eine Menge Erfahrungen gesammelt in diesem Dualen Universum. Und eine große Anzahl dieser Erfahrungen war verbunden mit intensiven Rollenspielen. Ihr habt euch erprobt in allen nur erdenklichen Rollen und habt es genossen, dieselben zu spielen. Und es gibt auch auf dem Gebiet der Partnerschaft sehr eingeprägte Rollen, die zum Teil noch bis in die heutige Zeit reichen. Meine Lieben, viele von euch haben den Wunsch, einen idealen Partner kennenzulernen. Und wir möchten aus diesem Grund einmal das Thema Partnerschaft etwas näher beleuchten.

Es gibt spezifische männliche und weibliche Rollen:

Zum Beispiel liebten die weiblichen Personen die Rolle des „edlen Burgfräuleins“, und diese sieht so aus, dass sich diese weibliche Person in Hilflosigkeit ergeht. Sie ist ein armes Frauenzimmer, was sich nicht zurecht findet in diesem irdischen Leben und hilflos durch die Gegend rudert. Natürlich gibt es auch die ideale Gegenrolle, das ist der „edle Ritter“! Der edle Ritter sieht seine Aufgabe darin, dem Burgfräulein mit Stärke, Kraft und Schutz beizustehen. Diese Rollen haben sich in der Vergangenheit sehr bewährt! Ihr habt sie mit Hingabe gespielt!

Die Damen kokettierten mit ihrer Hilflosigkeit und die Herren waren sozusagen aufgebläht vor Kraft, Stärke, Ausstrahlung, vor

Kampfesgeist. Und irgendwann, nachdem sie dann verheiratet waren, schwoll dem Burgfräulein vom vielen Schwächeln der Kamm und es explodierte und zeigte sein wahres Wesen. Worauf der edle Ritter irritiert in eine Schenke auszog und sich nach Ritterart betrank.

Vergleiche mit heute lebenden Personen sind natürlich rein zufällig!

Nun ist es so: In der Vergangenheit war es üblich, dass ihr euch in einem bestimmten Alter mit einem Partner zusammentatet, mit einem Mann, mit einer Frau, und dass ihr dann gemeinsam durchs Leben gingt.

Es hatte etwas Symbiotisches – eine gegenseitige Ergänzung. Da gab es bestimmte irdische Aufgabenbereiche, die speziell verteilt waren. Das Burgfräulein war unfähig, die Pferde vor die Kutsche zu spannen, und der edle Ritter konnte seinen zahlreichen Kindern nicht die Jacke zuknöpfen. Es war weniger Unvermögen als vielmehr strikte Weigerung, und zwar von beiden Seiten. Die Männer sind oft nach draußen gegangen, haben das Leben nach außen geregelt, sind dann mit Beute heimgekehrt oder in moderneren Zeiten mit der Lohntüte. Sie haben die Familie materiell versorgt. Und die Frauen sahen sich in der Rolle, dass sie ihrem Gatten und ihrer Familie ein liebevolles Heim geschaffen haben, die Kinder versorgt, die Wäsche gewaschen und gekocht haben. Sie haben für alles gesorgt, was körperlich von Belang war.

Dadurch ergab es sich, dass ihr in einer bestimmten Situation, wenn der Partner zum Beispiel vor euch starb, ein Gefühl der Bedürftigkeit entwickeltet, weil ihr mit einem Teil dieser irdischen Aufgaben, nämlich mit dem, den euer Partner erfüllt hat, nicht umgehen konntet.

Seit einigen Generationen vermischen sich nun diese typischen Rollenspiele. Heutzutage ist es üblich, dass beide Partner, sowohl die männlichen wie auch die weiblichen, für ihren Lebensunterhalt sorgen können. Dass ihr euch selbst versorgt, dass ihr ganz genau eure Bedürfnisse kennt, dass ihr euch Wünsche erfüllen könnt, die vielleicht früher in einer Symbiose immer zu kurz gekommen sind, das ist ein wichtiger Teil der Lernerfahrung. Und so habt ihr eine gewisse Unabhängigkeit in Liebesdingen erlangt.

Ihr habt euch zu helfen gewusst, wie man es vermeidet, ungewollte Kinder zu zeugen, und das hat euch dahin gebracht, dass ihr auch leichtfertig, ohne den jeweiligen Partner allzu genau zu kennen, in eine Beziehung hineingeschlittert seid, weil ihr ja unabhängig wart. Ihr wusstet, wie ihr euch eure Freiheit selbst erhalten konntet. Und das wiederum hat euch in einer bestimmten Phase dazu gebracht, Partner auch leichter zu wechseln, mal auszuprobieren, wie diese oder jene Person im Bett ist, und auch das sind Erfahrungen, die ihr sammeln durftet. Aber dabei kommen nun oft die Romantik und das Träumen zu kurz. Es muss euch klar sein, dass es an Herz und Tiefe fehlen wird, wenn ihr eine Beziehung eingeht, der es an innerer Verbundenheit fehlt.

Nun, meine Lieben, es ist so: Viele von euch träumen von dem idealen Partner, und diese Träume sind keineswegs verkehrt, nur ist es nicht so sinnvoll, dass ihr euch aus dem Verstand heraus eine Liste schreibt, wie euer idealer Partner auszusehen hat und auf was ihr alles Wert legt. Diese Dinge sind zweitrangig. Ihr werdet möglicherweise mit dieser Liste auch Partner kennenlernen, aber ob das dann wirklich eure Seele, euer Herz erfüllt, das steht wieder auf einem anderen Blatt.

Wir möchten euch an etwas erinnern, was ihr alle vor langer Zeit hattet: und das ist die Unschuld und das Verspielt-Sein. Meine Lieben, Visionen werden in eurer Zeit sehr, sehr viel Bedeutung erhalten, denn ihr werdet euch mit euren Visionen die Zukunft erschaffen.

Erinnert euch doch einmal daran, als ihr 13 oder 14 Jahre alt wart, als ihr noch keine sexuellen Erfahrungen in dieser Inkarnation hattet, wie ihr euch gefühlt habt, wenn es da in eurer Klasse ein Mädchen oder einen Jungen gab, in die ihr euch verliebt hattet. Könnt ihr euch erinnern, was da in euch vorgegangen ist? Erinnert euch doch einmal daran, wie ihr verträumt auf einer Sommerwiese gelegen seid und welche Visionen ihr euch erschaffen habt. Ihr habt euch vorgestellt, wie es wäre, wenn euch diese umschwärmte Person anspricht. Erinnert euch an die Schmetterlinge im Bauch! Erinnert euch, wie euer Herz vor Aufregung geklopft hat, und erinnert euch auch daran, welche Szenen ihr euch ausgemalt habt: das erste Gespräch, das erste Lächeln, die erste Berührung eurer Hände, und wie ihr verzaubert durch das Leben gelaufen seid.

Solche Visionen, die von Unschuld und positiver Vorstellungskraft geprägt sind, die könnten euch helfen, mit einer Person zusammengeführt zu werden, mit der ihr euch wirklich versteht.

Wenn ihr auf dem Gebiet der Partnerschaft Erfüllung finden möchtet, dann kehrt zurück zur Romantik, zu dem unschuldigen Sein, zu dem Gefühl, wie ihr euch langsam, Schritt für Schritt kennenlernt und wie romantisch, wie freudvoll und von Liebe und Aufregung erfüllt das sein könnte. Solche Visionen sind für die Partnersuche weitaus tauglicher. Und es ist auch mutig, einem anderen Menschen eure Liebe zu gestehen!

Die Kommunikation zwischen Frauen und Männern

Konfuzius

Nun, meine Lieben, ihr habt vorhin das Thema Männer und Frauen angesprochen, und wir wollten euch aus unserer Sicht einige Dinge dazu sagen:

Die ursprünglichen Rollenspiele haben sich allmählich immer mehr verschoben und es wurde selbstverständlich, dass sowohl Frauen als auch Männer für den Lebensunterhalt arbeiteten.

Aber oftmals war es so, dass eure Mütter dann ganz selbstverständlich, ohne zu murren, nebenbei noch den gesamten Haushalt geführt, die Wäsche gewaschen, die Wohnung geputzt, das Essen gekocht, die Kinder versorgt haben, sie also sozusagen ein doppeltes Arbeitspensum bewältigt haben. Eine weitere Generation hat dann dafür gesorgt, dass auch die häuslichen Arbeiten aufgeteilt wurden. Und da gibt es zuweilen heute noch bestimmte Kommunikationsprobleme.

In eurem Zellbewusstsein ist das alte Rollenverhalten: Frauen versorgen den Haushalt und Männer sind für den Außenbereich zuständig, noch eingeprägt. Und viele Familienväter strengen sich auch ordentlich an. Sie sind bereit, Überstunden zu machen, besondere Leistungen zu erbringen, um ihrer Familie etwas Besonderes zu gönnen, vielleicht einen Urlaub, eine Reise in ein fernes Land, eine größere Anschaffung, und dafür legen sich eure Männer ins Zeug.

Für die Kommunikation ist es wichtig, dass ihr beachtet, dass Männer ganz klare Anweisungen brauchen, um irgendeine Erledigung zu tun. Es ist nicht immer sinnvoll, wenn ihr vorplant und eine Liste schreibt, die ellenlang ist. Dann denkt der Mann: „Nun gut, irgendwann werden wir das einmal machen oder machen lassen!“ Das ist nicht sehr wirkungsvoll! Auch ist es wenig hilfreich, wenn ihr vor euch hin brodelt: „Dieser Mülleimer kann überlaufen! Das stört ihn überhaupt nicht!“ Er denkt dann nur: „Heute hat sie wieder schlechte Laune! Am besten, ich gehe aus der Schusslinie!“

Sagt aus dem Moment heraus, wobei ihr euch Hilfe erwartet, erteilt klare Aufträge, das kommt an und wird dann auch zumeist sofort erledigt.

Es ist wichtig, dass ihr die Beachtung auf die Kommunikation legt. Frauen sind von ihrer Intuition und von früher her anders geprägt. Sie überschauen die Situation, wenn sie irgendwo reinkommen, sehen, was zu tun ist und packen an. Und während sie diese Arbeit verrichten, unterhalten sie sich, gehen mit ihren Gedanken spazieren und tauschen sich aus.

Bei Männern ist es oftmals so, wenn sie auf eine Arbeit fokussiert sind, können sie nicht gleichzeitig noch telefonieren oder ein Gespräch führen, weil diese Arbeit ihre volle Konzentration benötigt. Und so sind Frauen die intuitiveren Wesen, weil sie schon immer zweigleisig gefahren sind. Ihr habt eine Arbeit erledigt und gleichzeitig eine Unterhaltung geführt, und das ist euch in Fleisch und Blut übergegangen. Männer haben bei diesen zweigleisigen Ausrichtungen oft einen blinden Fleck oder müssen es erst üben, bis sie es können.

Nun, meine lieben Damen, ihr dürft euren Männern jegliche Unterstützung abverlangen. Sprecht mit ihnen, sagt deutlich, was ihr im Moment gerade erwartet. Und wenn ihr das, ohne zu nörgeln, ohne zu meckern oder ein schlechtes Gewissen zu vermitteln herüberbringt, ganz einfach als einen Satz: „Würdest du mal bitte das und das tun?“ oder: „Bringst du mal bitte das und das runter in den Keller?“ dann wird euer Mann spurten, er nimmt es auf und wird es erledigen.

Es ist nicht so, dass Männer nicht lernbereit wären. Wenn ihr die jüngere Generation beobachtet, da gibt es viele, die in die Kinderversorgung einsteigen, die ihre Kinder auf dem Arm tragen, die den Kinderwagen schieben, die Windeln wechseln und ganz selbstverständlich für alle Arbeiten im Haushalt offen sind. Auch das ist etwas, was sich in den letzten Jahren sehr verändert hat.

Die „Schokoladenseite“ in der Partnerschaft

Kuthumi

Seid gesegnet, seid in der Liebe, das ist Meister Kuthumi.

Nun, meine Lieben, wir möchten über das Thema Liebe, erfüllte Partnerschaft und wie ihr dahin kommt zu euch sprechen. Meine Lieben, ihr seid keine unbeschriebenen Blätter. Jeder von euch hat in dieser Inkarnation und auch in früheren Inkarnationen viele Erfahrungen auf dem Gebiet der Partnerschaft gemacht. Und nicht jede Erfahrung, hat dazu beigetragen, dass euer Vertrauen in Liebe und Partnerschaft gewachsen ist. Und wenn ihr nicht in der Selbstliebe seid, dann geht die Partnersuche folgendermaßen vor sich: Angenommen, euch begegnet eine Frau, ein Mann, ein potentieller Partner, von dem ihr sehr angetan seid, und ihr bemüht euch, diese Person kennenzulernen. Wenn ihr nicht selbst in der Liebe seid, in eurer eigenen Stärke, dann werdet ihr versuchen, dieser Person unter allen Umständen zu gefallen. Ihr präsentiert sozusagen eure

Schokoladenseite, seid sehr auf der Hut und aufmerksam, was ihr vor dieser Partnerin oder diesem Partner nicht sagen solltet, ihr nehmt euch zurück, gebt euch liebevoll und strebt danach, ständig mit dieser Person zusammen zu sein. Die andere Person macht es genauso. Ihr zeigt euch sozusagen zwei Schokoladenseiten. Aber das ist nur eine Seite der Medaille, und irgendwann, wenn ihr euch furchtbar angestrengt und das über Wochen aufrecht erhalten habt, dann spürt ihr, wie eure Kräfte nachlassen, wie ihr beispielsweise in alte Verhaltensmuster fallt, die ihr bis dahin verdeckt gehalten habt, oder ihr hört auf einmal euren Allerliebsten irgendeine Meinung äußern, von der ihr schockiert seid.

Nun, meine Lieben, solche Dinge passieren, wenn ihr im anderen Partner versucht, etwas zu finden, was ihr innerlich nicht selber habt. Ihr spiegelt euch dann gegenseitig perfekte Masken. Aber die sind nicht von Dauer, und in dem Moment, wo sie abbröckeln, erkennt ihr die Person, die wirklich dahintersteckt, die Geheimnisse und üble Angewohnheiten hat und möglicherweise Überzeugungen, die vielleicht überhaupt nicht mit euren übereinstimmen. Und deshalb ist es von großer Bedeutung, dass ihr zuerst euch selbst lieben lernt. Und das bedeutet, dass ihr euch persönlich so annehmt, wie ihr seid, mit all euren Fehlern, mit all euren Unzulänglichkeiten, dass ihr aufhört, nach außen Rollen der Perfektion zu spielen. Seid natürlich, seid lebendig, in dieser Art seid ihr alle liebenswert! Und wenn ihr diese Energie für euch halten könnt, dann ist es euch auch möglich, einen Partner anzuziehen, mit dem ihr in eine erfüllte Beziehung kommt.

Was ihr euch darüber hinaus noch anschauen solltet, sind eure persönlichen Erfahrungen. Manchmal ist es so: Da habt ihr in der Vergangenheit die Erfahrung gemacht, dass Partnerschaften einengend sind, dass ihr euch dabei verzerrt und verbiegt und immer neue Kompromisse eingeht, von denen ihr spürt, dass sie euch nicht gut tun. Und all das könnte in euch die Überzeugung auslösen, dass es doch viel besser sei, allein durchs Leben zu gehen. Vielleicht erinnert ihr euch auch an Szenen mit Partnern, bei denen ihr in Angst und Schrecken wart, vielleicht erinnert ihr euch an heftige Wortgefechte, und all das bringt euch nicht zu einer erfüllten Partnerschaft. Es wäre sinnvoll, dass ihr euch anschaut, welche Ängste in euch sind, welche Muster ihr wiederholt, welche Glaubenssätze vorhanden sind und wie ihr an diesen Erfahrungen arbeiten könnt. Und dann malt euch aus, dass ihr mit einem liebevollen Menschen zusammentrefft, der genauso seine Eigenarten hat wie ihr, mit dem ihr lachen könnt, gemeinsame Unternehmungen teilt. Malt euch aus, wie so eine ideale Partnerschaft aussehen könnte. Stellt euch vor, wie es ist, wenn ihr morgens Arm in Arm aufwacht, wenn ihr euch tief in die Augen schaut, welche Erkenntnisse ihr gemeinsam herausfinden könntet und wie ihr mit Leichtigkeit und Lebensfreude durch dieses Leben geht, euch gegenseitig Geborgenheit schenkt, wie sich das anfühlt. Mit diesen Visionen kommt ihr zu einer erfüllten Partnerschaft.

Fragen zum Thema

Frage:

Ich habe eine Frage, und zwar zu dem Begriff Treue. Wenn bei uns ein Mann und eine Frau eine Beziehung eingehen, dann wird ein sogenanntes Treuegelöbnis abverlangt, welches unter anderem auch die Formel enthält „bis dass der Tod euch scheidet". Wie seht ihr das von eurer Ebene aus? Ist das noch zeitgemäß?

Konfuzius

Wir begrüßen dich! Nun, mein Lieber, es ist so, aus unserer Sicht ist das nicht ganz zeitgemäß. Es ist eine Formel, die eure Kirche erfunden hat. Sie wollte, dass alles schön geregelt ist und dass ihr bestimmte Bedürfnisse vielleicht nicht so ganz wichtig nehmt. Sie wollte auch, dass ihr nur dann Sexualität lebt, wenn ihr die Absicht habt, ein Kind zu zeugen. Und das ist vollkommen unsinnig!

Mein Lieber, es ist so, dass ihr gerade auf sexuellem Gebiet sehr viele Einschränkungen habt, die euch in den meisten Fällen von der Religion diktiert wurden, von irgendwelchen Ordnungshütern, die sich auf diesem Gebiet meist sehr zurücknahmen und dann meinten, dass dies in einem bestimmten Rahmen gefälligst für jeden Menschen zu gelten habe!

Mein Lieber, du fragst nach der Treue. Es ist so, wenn du von Herzen jemanden liebst, dann hast du das Bedürfnis nach sexuellen Ausschweifungen nicht! Du liebst diese Person und ihr seid zusammen und dieses Gelöbnis, was ihr euch gegenseitig gebt, euch gegenseitig treu und in Liebe verbunden zu sein, es wird so lange halten, wie eure Beziehung von Harmonie, von Frieden und gegenseitiger Achtung getragen ist.

Geht die Achtung verloren, und das geschieht meist, indem sich Kleinigkeiten und Missverständnisse einschleichen, dann baut sich zwischen euch eine unsichtbare Mauer auf. Ihr versöhnt euch wieder, und irgendwann ist es abermals soweit. Der Mann zieht sich muffelig zurück, die Frau geht weinend ins Bett, tut so, als ob sie schläft, liegt aber stundenlang wach. Wenn ihr das ein paarmal durchgespielt habt, dann stört euch plötzlich die Art, wie euer Partner die Kaffeetasse abstellt.

Nun, meine Lieben, es ist niemals die Kaffeetasse oder die Zuckerdose, die am falschen Platz stehen! Es ist immer die Stimmung, die Energie zwischen euch! Wenn ihr die Achtung und Wertschätzung voreinander verliert, dann stehen entweder intensive Aussprachen an oder die Energie wird eure Ehe langsam, aber sicher töten!

Ihr solltet eine Beziehung, eine Liebe so lange pflegen und aufrechterhalten, wie ihr euch gegenseitig nährt, gegenseitig achtet, in Liebe annehmt und unterstützt! Deckt Missverständnisse und aufkommende Missstimmung sofort auf und redet darüber. Geht nicht schlafen mit ungeklärten Altlasten. So tragt ihr zur Harmonie bei!

Frage:

Lieber Meister Konfuzius, ich habe eine allgemeine Frage: Und zwar interessiert es mich, wie aus geistiger Sicht körperliche Berührung im Sinne von Zuwendung, von Liebe gesehen wird – auch allgemein, also jetzt nicht nur im Zusammenhang mit Sexualität, sondern auch zum Beispiel mütterliche Liebe und wie das mit der körperlichen Berührung gesehen wird? Mich interessiert aber auch der Komplex in Zusammenhang mit Sexualität, wie das aus geistiger Sicht gesehen wird, weil ja häufig sehr widersprüchliche Aussagen durch die Bücher oder die Presse gehen.

Konfuzius

Gut, meine Liebe, auf irdischer Ebene ist es häufig so, dass ihr in eurem physischen Körper aufgrund von vergangenen Erfahrungen und bestimmten Schamgefühlen, die euch vermittelt wurden, dass ihr da sehr gehemmt seid, auch im Umgang mit körperlicher Berührung. Da gibt es zum Beispiel Hemmungen, andere Menschen zu umarmen und auch gleichgeschlechtliche oder gegengeschlechtliche Personen in den Arm zu nehmen, einfach zu berühren oder zu streicheln und zu trösten. Im Allgemeinen ist es so, dass ihr euch diese Nähe zwar zugesteht bei euren eigenen Kindern, aber das auch bloß bis in ein bestimmtes Alter. Wenn sie dann in die Pubertät kommen, dann zieht ihr euch oft erschrocken zurück und glaubt, wenn ihr jetzt eure Tochter oder euren Sohn noch in den Arm nehmen würdet, da könnte dabei etwas passieren, was von euch nicht mehr zu kontrollieren ist. Und das ist Unfug!

Normalerweise ist es so, dass es einfach unterschiedliche Arten von Liebe gibt. Da gibt es diese unschuldige Liebe, die ihr guten Freunden oder Kindern gegenüber empfindet, und das ist etwas, was ihr untereinander gerne etwas mehr austauschen dürftet, wenn das nach unserer Sichtweise ginge. Im feinstofflichen Bereich, im jenseitigen Bereich, zwischen den Inkarnationen, da sind Berührungen, gerade in weiter entwickelten Ebenen, viel eher anerkannt und auch erwünscht.

Ihr dagegen verbietet euch, jemandem einfach nur über den Unterarm zu streichen, weil bei dieser Person eine Wohlgefühl ausgelöst werden könnte, und ein solches Gefühl könnte dann verbunden sein mit einer Sehnsucht nach Geborgenheit. Ihr haltet euch zurück, um keinen falschen Eindruck zu erwecken. Es ist eure eigene Unsicherheit, die euch das diktiert! Ihr wisst nicht, ob es euer Gegenüber als sexuelle Annäherung versteht, und deshalb unterlasst ihr es besser gleich! Und damit nehmt ihr euch eine wunderbare Erfahrung. Es wäre schön, wenn ihr damit lockerer umgehen würdet. Es hat nichts mit Sexualität zu tun!

Sexualität ist etwas, was ihr einem Menschen gegenüber empfindet, dem ihr euch nahe fühlt. Es ist nicht so, dass ihr an jeder Straßenecke einen solchen Menschen treffen könntet. Aber es wäre möglich, an jeder Straßenecke einen guten Freund, eine gute Freundin zu treffen, die ihr in den Arm nehmen könntet. Aber einen Sexualpartner, jemanden, den ihr auf Körperebene, auf Herzebene begehrt, den trefft ihr nicht an jeder Straßenecke. Wenn ihr spürt, da ist eine Person, die euch sehr beschäftigt, zu der eure Gedanken immer wieder wandern, wo eine Anziehung besteht und sich euer Herz meldet, dann wäre das ein möglicher Partner auf sexuellem Gebiet. Und ihr werdet dann wahrscheinlich vorsichtige Schritte aufeinander zugehen. Und es geht darum, dass ihr lernt, euren eigenen Körper und den eures Partners in Liebe anzunehmen, dass ihr euch mit Zärtlichkeit, mit Liebe, mit streichelnder Berührung in ekstatische Höhen versetzen könnt. Und dass eine Liebe, die auf Herzebene eine Verbindung hat, anstreben wird, eine sexuelle, leidenschaftliche und harmonische Verbindung zu erschaffen, die auch auf Körperebene für euch sehr wohltuend ist. Und dann könnt ihr euch durch diese Berührung, durch dieses gegenseitige Geben und Nehmen auch gesundheitlich und entwicklungsmäßig sehr weit voranbringen. Durch zärtliche Berührung werden Glückshormone ausgeschüttet, die euch jung, gesund und lebendig erhalten!

Meine Lieben, es wäre schön, wenn ihr die Berührung, die Umarmung zulassen könntet. Es ist etwas, was euch bereichern könnte.

Und die Umarmung einer Person hat nichts mit Sexualität zu tun! Es ist eure Angst, die euch das vorgaukelt. Das ist das, was wir gegenwärtig dazu sagen möchten.

Frage:

Es gibt viele Frauen, die sich persönlich spirituell weiterentwickelt haben. Diese Frauen finden keine angemessenen Partner. Gibt es einen Tipp aus der geistigen Welt, woran das liegt?

Kuthumi

Nun, meine Liebe, das ist großes Pech. Die Männer hinken hinterher! (lachend) Meine Lieben, die männlichen Bewohner eures Planeten entfalten sich oftmals etwas anders als die Damen, diese schnüffeln und gucken und müssen schauen, was da alles in ihnen abläuft. Sie sind sozusagen in ihrem Element, wenn sie ihre Träume zerpflücken können, ihre Wahrnehmungen auseinandernehmen und ganz genau untersuchen, was da alles in ihnen abläuft und was sie für Möglichkeiten haben, das positiv umzuwandeln. Da sind die Damen in ihrem Element!

Die Männer haben eine ähnliche Energie. Sie sind zum Beispiel begeistert, wenn sie über ihre Autos sprechen, wenn sie ihre Motoren auseinanderschrauben können, wenn sie auf ihren Computern die neuesten Erkenntnisse austauschen oder über Fußballspiele reden. Dann sind die Männer genauso in ihrem Element und können sich begeistern und mit ihren Freunden in den höchsten Tönen über all das diskutieren. Aber das sind einfach unterschiedliche Ebenen. Es ist so, meine Liebe: Auch Männer kommen auf dem Gebiet der Spiritualität voran. Nur tun sie es zumeist auf andere Art und Weise. Sie sind zum Beispiel begeistert von bestimmten Techniken, von Mentaltraining oder positivem Denken und dergleichen mehr. Und darüber finden sie dann ihren Zugang. Sie haben den Anspruch, diesen Geist, diese Psyche zu beherrschen und etwas daraus zu machen, was positiv ist. Da sind Männer sehr zielstrebig.

Nun sprichst du davon, dass es eine große Menge Damen gibt, die darauf begierig sind, einen entsprechenden Partner zu finden, dem sie gerne ihr Herz schenken möchten und der doch bitteschön die gleiche Schwingung haben sollte wie sie. Nun, meine Lieben, manchmal ist es so, dass ihr euch da irgendetwas zurechtbiegt, was nicht wirklich der Wahrheit entspricht! Wenn ihr bereit seid, euer Herz zu öffnen, wenn ihr bereit seid für die Liebe, euch tief einzulassen und mit einer männlichen Person zu verschmelzen, Einheit zu erleben und tiefe Liebe, dann braucht ihr euch keine Seile, keine doppelten Böden zu spannen, dann braucht ihr keine Überzeugung, die besagt: „Ich möchte doch aber zumindest einen Mann, der spirituell ist." Meine Lieben, wenn ihr bereit seid, von Herzen zu lieben, jemanden anzunehmen als einen wirklichen Partner, dann werdet ihr mit jemandem zusammenkommen und ihr werdet möglicherweise innerhalb von kürzester Zeit gemeinsame Entwicklungsschritte machen, die vorher nicht möglich waren. Es kommt darauf an, ob ihr wirklich bereit seid, euer Herz zu öffnen. Es gibt Damen auf eurem Planeten, die sind zwar bereit, ihren Verstand zu öffnen und zu sagen: „Ich hätte gern einen Partner, der so und so beschaffen sein sollte. Und solange der nicht kommt, werde ich mich nicht verschwenden und irgendjemanden lieben, der es vielleicht gar nicht verdient, der meine Schwingung herunterzieht und so weiter." Das sind manchmal eure Ansichten. Überprüft einmal selbst, wo ihr da steht!

Eltern und Kinder

Die Kinder der neuen Zeit

Konfuzius

Nun, meine Lieben, in eurer Zeitebene, wo es so turbulent zugeht, werden auch viele Kinder geboren, die nicht mehr so intensiv mit dem Kanal des Vergessens konfrontiert werden, wie das möglicherweise noch in eurer Kindheit der Fall war. Das heißt aber nicht, dass es diese neuen Kinder mit den besonderen Fähigkeiten erst jetzt und ausschließlich jetzt gibt.

Viele von euch haben ebenfalls ein sehr hohes Potenzial und haben sich in der Kindheit auch an frühere Fähigkeiten, an alte Begebenheiten aus vergangenen Inkarnationen erinnert. Sie hatten ein Gefühl, ein Gespür dafür, eine Seele zu haben, und dafür, dass es um sie herum irgendeine Energie gab, ein unsichtbarer Begleiter sozusagen. All das haben viele von euch in der Kindheit wahrgenommen.

Nun, im Vergleich zu euch haben es die meisten heutigen Kinder etwas einfacher, weil ihr oftmals mit Eltern konfrontiert wart, die kein solches Weltbild hatten wie die Eltern heutzutage.

Meine Lieben, heute werden sehr viele Kinder geboren mit ungewöhnlichen Fähigkeiten, mit ungewöhnlichen Talenten, mit einer sehr großen Klarheit, die zuweilen Dinge sagen, die euch in Erstaunen versetzen.

Auf eine gewisse Weise habt ihr dieses Potenzial alle, aber vielleicht war es in eurer Kindheit so, dass ihr es erst einmal vergessen musstet, um von euren Eltern und von eurem Umfeld akzeptiert zu werden. Aber das habt ihr in der Zwischenzeit verändert. Die Tatsache, dass ihr dieses Buch lest, zeigt ja, dass ihr euch auf dem Weg befindet!

Manchmal ist es so, dass die Kinder in eurer Zeit nicht nur über besondere Fähigkeiten verfügen, sondern dass sie auch Erinnerungen an Prägungen und an Erlebnisse mitbringen, die für sie persönlich schmerzhaft waren, und dann könnte sich das so ausdrücken, dass so ein Kind manchmal in Melancholie hineingleitet, dass es launisch ist, dass es nicht weiß, was es selbst bedrückt, dass da Bilder sind, die es wegschicken und mit denen es nichts zu tun haben möchte.

Die Aufhebung des Vergessens ist also nicht uneingeschränkt segensreich!

Wer mit einer großen Klarheit geboren wird, erinnert sich auch leichter an unangenehme Erfahrungen aus seinem Inkarnationszyklus!

Und dann seid ihr als Eltern gefragt! Wenn eure Kinder zappelig sind, aggressiv oder launisch, dann zeigt das an, dass etwas bei ihnen ins Bewusstsein tritt, was mit unangenehmen Erinnerungen zu tun hat! Es wird dann verschwinden, wenn ihr eine Erklärung abgebt. Wenn die Kinder wissen, dass es vergangene Inkarnationen gibt und dass dabei auch Erfahrungen auftreten können, die schmerzhaft sind, die mit Ängsten verbunden sind und dass diese Gefühle von heute möglicherweise etwas sind, was in der Vergangenheit geprägt wurde. Wenn ihr euch mit euren Kindern zusammen hinsetzt und über diese Möglichkeit sprecht, werden sie es ganz schnell loslassen können.

Kuthumi

Meine Lieben, wir möchten noch über ein weiteres Thema zu euch sprechen. Es ist da nämlich bei euren Kindern noch eine weitere Tendenz zu beobachten. Und zwar werden viele als hyperaktiv abgestempelt, und wir beobachten parallel dazu bestimmte Veränderungen im Verhalten der Eltern ihren Kindern gegenüber.

Wenn ihr zurückschaut in eure eigene Kindheit, und wenn diese Kindheit in den 50er, 60er oder 70er Jahren oder früher stattgefunden hat, dann hattet ihr, verglichen mit heutigen Kindern, eine sehr viel größere Freiheit und Selbständigkeit. Ihr durftet euch nach der Schule mit Freunden treffen, ihr wart draußen, habt gespielt, gelernt, seid auf Bäume geklettert, und ihr durftet auch in die nähere Umgebung, wenn es da so etwas wie Spielplätze gab, Wälder, durch die ihr streifen konntet, oder andere Kinder, die ihr besucht habt. Ihr hattet Pflichten zu erfüllen – einkaufen oder auf jüngere Geschwister achtgeben.

Heute beobachten wir eher, dass Eltern ihren Kindern wie Kletten an der Seite kleben. Und diese Veränderung hat Ende der 80er Jahre eingesetzt, bedingt durch die Berichterstattung eurer Medien. Da gab es bestimmte Fernsehsendungen: „Aktenzeichen XY", Sendungen über Polizeiberichterstattungen und jede Menge Kriminal- und Actionfilme. Diese haben maßgeblich dazu beigetragen, dass ihr einschränkende Veränderungen in eurer Kindererziehung zugelassen habt.

Ihr lasst eure Kinder nicht mehr ohne weiteres alleine zum Spielplatz gehen. Sie sind unter ständiger Überwachung. Die Mutter oder der Vater kleben an dem Kind. Ihr heftet euch angstvoll an ihre Fersen, sobald sie die Wohnungstür verlassen. Und dabei vermittelt ihr ihnen das Bild: Diese Welt da draußen ist gefährlich! Ihr schafft eure 9- oder 10-jährigen oder älteren Kinder zu allen erdenklichen Veranstaltungen, holt sie wieder ab. Sie sind ständig kontrolliert und können sich in dem Sinne nicht mehr austoben, wie das früher üblich war.

Auch eure Kinder haben das Bedürfnis, draußen zu spielen, mit Gleichaltrigen zusammen zu sein, und wenn die Mutter dann mit ihrem Kind für eine Stunde auf dem Spielplatz war, dann kommt oft der Moment, wo die Mutter sich sagt: Ich habe daheim noch einiges zu tun und es wäre doch von Vorteil, wenn wir jetzt wieder nach Hause gehen würden. Und das Kind, das sich noch gar nicht ausgetobt hat, wird zurück nach Hause gebracht. Und dann wundert ihr euch, wenn eure Kinder hyperaktiv sind, weil sie sich draußen nicht ausspielen und austoben können!

Meine Lieben, oftmals ist es so, dass dann eure Kinder vor dem Fernseher oder später vor dem Computer geparkt werden, und auch das ist eine Tendenz, die sehr verbreitet ist, aber nicht sehr nützlich ist. Es ist so, nichts, was im Außen geschieht, kann gegen euren Seelenplan geschehen, und nichts, was im Seelenplan steht, könnt ihr durch noch so viel Aufmerksamkeit und Bewachung verhindern!

Meine Lieben, was wir euch damit sagen möchten, ist: Schaut, ob es nicht die Möglichkeit gäbe, dass ihr euren Kindern etwas mehr Freiheit schenkt. Das würde sie auch in ihrem Selbstwertgefühl stärken.

Computerspielsucht

Kuthumi

Wir beobachten, dass in den letzten Jahren immer mehr Menschen – vor allem Jugendliche – spielsüchtig werden, süchtig nach Computerspielen. Als erstes möchten wir erklären, wie diese Sucht zustande kommt:

Ihr habt in eurem Bewusstsein einen Teil, der bestrebt ist, immer wiederkehrende Tätigkeiten als perfekt abzuspeichern. Das hilft euch, euren Alltag zu meistern. Alles, was ihr jemals gelernt habt und auch beständig nutzt, kommt in den Hauptspeicher. Als ihr Schreiben lerntet, waren die ersten Buchstaben und Worte mühsam. Als ihr Autofahren lerntet, waren die ersten Fahrstunden aufregend. Tut ihr diese Tätigkeiten eine Zeitlang beständig, werdet ihr immer perfekter darin. Sie speichern sich ein in euren inneren „Autopiloten", sodass ihr sie jederzeit vollautomatisch ausführen könnt. Ihr verfügt also in eurem Bewusstsein über ein Programm, das bestrebt ist, euch zu unterstützen, damit ihr nicht euer Leben lang wie ein Erstklässler schreibt.

Dieser „Autopilot" unterscheidet aber nicht in wertvolle oder wertlose Speicherung. Und mit Computerspielen hat er so seine Schwierigkeiten. Sein Bestreben ist es, es perfekt abzuspeichern – schafft er das, erlischt sein Interesse! Computerspiele sind aber so konzipiert, dass ihr zwangsläufig irgendwann verliert. Wenn ihr eine bestimmte Stufe erklommen habt, kommt der nächste Level, der schwieriger ist, und damit seid ihr wieder der Verlierer. Euer „Autopilot" wird also herausgefordert, sein Bestreben ist es, diese Tätigkeit als perfekt in den Hauptspeicher zu legen, aber dazu kommt er nicht durch eure Niederlagen.

Je nachdem wie viele Stunden ihr mit diesen Spielen zubringt, geratet ihr in einen Sog. Selbst wenn der Computer aus ist, läuft dieses Spiel in eurem Bewusstsein weiter. Euer Ehrgeiz ist geweckt – ihr möchtet es schaffen! Und da greift die Sucht! Es zieht euch immer wieder zu diesem Spiel, weil euer Autopilot bestrebt ist, es in den Griff zu bekommen! Dabei ist es genau umgekehrt: Das Spiel hat euch im Griff!

Fragen zum Thema

Frage:

Woran merkt man, dass man süchtig ist? Gibt es Spiele, die besonders gefährlich sind?

Kuthumi

Ihr spürt es! Und wenn ihr täglich mehrere Stunden damit zubringt, hat das nichts mehr mit Entspannung zu tun, sondern mit Sucht! Wenn eure Kinder weggetreten sind und kaum ansprechbar, dann sind das Anzeichen von Spielsucht.

Es gibt außerdem eine Kategorie Spiele, die zu einer negativen Persönlichkeitsveränderung führen können, und zwar sind das Killer- oder Kriegsspiele. Ihr agiert in diesem Spiel als eine Figur, die andere tötet. Damit werden einerseits Aggressionen verbrannt, aber wenn ein Mensch täglich mehrere Stunden mit derartigen Kriegsspielen verbringt, sinkt auch seine natürliche Hemmschwelle vorm Töten. Das bedeutet nicht, dass jeder, der jemals ein derartiges Spiel gespielt hat, automatisch zum Mörder wird!

Aber es ist unverantwortlich, dass ihr euren Kindern diese Spiele zur Unterhaltung kauft! Und es ist ebenso unverantwortlich, dass derartige Spiele überhaupt produziert werden!

Frage:

Aber es ist doch so, dass junge Menschen auch über Actionfilme mit Gewalt konfrontiert werden. Man kann sie unmöglich total abschotten!

Kuthumi

Das ist nicht dasselbe! Wenn ihr einen Film seht, in dem wild geschossen wird, dann sitzt ihr immer noch im Zuschauerraum. Ihr wahrt einen gewissen Abstand zur Handlung!

Bei einem virtuellen Computerspiel seid ihr in der Handlung drin und schießt selbst! Und das ist ein gewaltiger Unterschied für euer Bewusstsein!

Frage:

Wir sind ja in letzter Zeit immer wieder mit Amokläufern konfrontiert, die in Schulen oder auch anderswo um sich schießen. Kommt es zu diesen Auswüchsen durch diese gewalttätigen Computerspiele?

Kuthumi

Nun, in den 60er, 70er oder 80er Jahren gab es keine Amokläufe an Schulen. Schaut euch doch einmal an, in welcher Zeit eure Killer- und Kriegsspiele auf den Markt gekommen sind! Natürlich ist nicht jeder, der ein derartiges Spiel spielt, ein potenzieller Amokläufer. Aber wenn ein Jugendlicher süchtig wird, sich von der Außenwelt abkapselt, keine Freunde hat, unter Minderwertigkeitsgefühlen leidet, seine Feindbilder im Computer anheizt und dann noch leicht an Waffen und Munition herankommt, besteht eine echte Gefahr. Andere lösen den Macht- und Gewalthunger, in dem sie sich beim Militär zu Auslandseinsätzen melden. Auch da haben sie die Chance, auf Menschen zu schießen.

Und ihr steht als Eltern daneben und könnt es nicht fassen, warum eure lieben Kleinen mit gerade mal 21 Jahren nichts Eiligeres zu tun haben als in den Krieg zu ziehen! Ihr fragt euch, was ihr falsch gemacht habt? Das ist ganz einfach: Ihr habt ihnen die falschen Spielsachen gekauft!

Frage:

Wie können Eltern mit Kindern umgehen, die sehr aggressiv sind und wo die Eltern nicht mehr wissen, wie sie an ihre Kinder herankommen und vielleicht auch gar nicht mehr mit ihnen sprechen können?

Kuthumi

Nun, es kommt darauf an, in welchem Alter diese Aggressivität auftritt. Zum Beispiel präsentieren Kleinkinder verdrängte Gefühle ihrer Eltern. Wenn ein Kleinkind aggressiv ist, nimmt es oftmals die unterdrückte Wut von der Mutter oder dem Vater auf, die es dann stellvertretend ausagiert. Das ist dieses Alter.

Wenn es später auftritt, zum Beispiel im Teenageralter, dann kann es mit dem Inkarnationszyklus zu tun haben, mit einer kriminellen Phase, die durchlaufen wird. Da werden die Eltern häufig vor intensive Herausforderungen gestellt, weil sie erkennen müssen, dass ihr Kind Eigenarten entwickelt hat, mit denen sie nicht umgehen können, die sie am liebsten totschweigen möchten und gar nicht wahrhaben wollen, die sie am liebsten durch eine Impfung beseitigen würden.

Und in dieser Situation ist Reden absolut wichtig! Wobei die Frage: „Weshalb ist das Kind jetzt aggressiv?“ geklärt werden sollte. Warum reagiert der Jugendliche mit Gewalt? Was ist der Hintergrund? Es gibt in jedem Fall einen Auslöser in diesem Leben, denn wenn es nur wiederverarbeitete Phasen aus dem Inkarnationszyklus wären, dann würde sich das nicht massiv in Handlungen zeigen. Das sind dann eher versteckte Neigungen, die kurzzeitig auftreten, zum Beispiel eine Prügelei, und damit ist es erledigt. Wenn so eine Phase länger andauert, dann gibt es einen Grund, einen Grund, der tiefer sitzt, und der hat zu tun mit irgendeiner tiefen Unzufriedenheit im Leben des Jugendlichen. Und diese sollte erkannt werden!

Frage:

Diese tiefe Unzufriedenheit ist dann beim Kind ausgelöst, oder spiegelt das Kind, also auch der Jugendliche, Unzufriedenheiten des Erwachsenen wider?

Kuthumi

Im Kleinkindalter sind es die Unzufriedenheiten der Eltern. Wenn die Kinder älter sind, etwa nach dem zehnten Lebensjahr, dann verarbeiten sie ihre eigenen Unzufriedenheiten, die ihr Leben betreffen, natürlich auch im Zusammenhang mit den Eltern, mit Leistungen, die von ihnen gefordert werden.

Frage:

Können das zum Beispiel Überforderungen sein? Dass die Eltern meinen, dass das Kind bestimmte Leistungen erbringen muss und es nicht dazu in der Lage ist?

Kuthumi

Ja! Das könnte sehr gut sein. Es ist oftmals so, dass in eurer Gesellschaft Eltern, die einem bestimmten Statussymbol anhaften, das auch von ihren Kindern erwarten und dabei Neigungen wenig Beachtung schenken. Sie versuchen sie in dieselbe Schiene zu pressen, die sie selbst durchlaufen haben. Das hat dann solche Auswirkungen, dass der Jugendliche aggressiv wird oder auch depressiv, dass er sich zurückzieht und so weiter.

Träume und Meditation

Bewusste Traumarbeit

Kuthumi

Meine Lieben, ein weiteres Thema, über das wir zu euch sprechen möchten, ist die Fähigkeit des Träumens. Solange ihr unbewusste Menschen seid, das heißt, dass ihr keine Ahnung habt, dass ihr eine Seele besitzt und ein göttliches Wesen seid, solange werdet ihr in regelmäßigem Abstand von eurem Hohen Selbst mit Träumen versorgt. Ihr habt dann zirka alle 6 Wochen einen filmartigen Traum, an den ihr euch zuweilen auch recht gut erinnern könnt. Und dann, wenn ihr euch so weit entwickelt, dass ihr euch bewusst seid, dass ihr eine Seele habt, dass ihr ein feinstoffliches Wesen seid und dass es eine geistige Welt gibt, dann kommt der Moment, wo euer Hohes Selbst darauf wartet, dass von euch Anfragen kommen, dass ihr bewusst diesen Kontakt auch mit der Traumebene eingehen möchtet, dass ihr Fragen stellt, dass ihr euch anmeldet zu Schulungskursen, dass ihr Blockaden aufarbeitet, die euch behindern. Ihr könnt die Traumrealität dafür nutzen, in eurem Leben voranzukommen. Prinzipiell müsst ihr dafür überhaupt nichts tun, solange ihr mit eurem Leben zufrieden und glücklich seid, könnt ihr alle Schritte, die notwendig sind, über den Traum konsumieren. Ihr könnt jeden einzelnen Entwicklungsschritt eurer Seele überlassen. Bestellt es einfach! Bestellt, ihr möchtet vorankommen! Ihr möchtet sehen, was euch behindert, und tretet ein in die bewusste Kommunikation mit dieser feinstofflichen Ebene. Ihr könnt es und ihr werdet auch nach und nach das, was ihr an Träumen erhaschen könnt, verstehen. Und damit erschließt sich euch eine neue Realität, eine neue Welt, die ihr ganz bewusst nutzen dürft, wenn ihr es möchtet.

Frage:

Lieber Konfuzius, Meister Kuthumi, sagte uns, wie wichtig bewusste Traumarbeit ist. Kannst du uns etwas erzählen, wie man da praktisch vorgeht?

Konfuzius

Nun, meine Lieben, bis zu einem gewissen Grad könnt ihr dieses bewusste Träumen trainieren. Aber das bedeutet nicht, dass ihr euch immer eurer gesamten Traumhandlungen bewusst sein werdet. Das ist nicht möglich!

Ihr könntet beispielsweise Folgendes tun:

Wenn ihr abends ins Bett geht, könntet ihr in euch hineinspüren, in eure Aura und zu dem Teil, der des Nachts den Körper verlässt, Kontakt aufnehmen. Gebt eurem Traumkörper einen Namen, sprecht ihn an und fragt dann euren Traumkörper dieses oder jenes, was euch in den Sinn kommt. Oder bestellt ganz einfach, dass ihr euch an irgendetwas auf der Traumebene bewusst erinnern möchtet, und dann lasst es geschehen.

Wichtig bei diesen Traumerkundungen ist, dass ihr, wenn ihr am Morgen aufwacht, die Erinnerungen notiert. Auf diese Weise werdet ihr mit der Zeit die Traumbotschaften deutlicher übersetzen können. Wenn ihr das eine Zeitlang tut, ist das sehr hilfreich.

Traumerinnerungen notieren, bedeutet aber nicht, dass ihr die Erlebnisse hinterher abwertet, wie es manche Menschen tun.

Es kommt zuweilen vor, dass ihr im Traum angestaute Gefühle ausagiert, dass ihr eure Wut und eurem Hass, die ihr auf irdischer Ebene nicht auszudrücken wagt, im Traum verarbeitet. In einem solchen Falle könntet ihr beispielsweise träumen, dass ihr eine andere Person schlagt. Wenn ihr das am Morgen erinnert, setzt dann oft eine Abwertung ein. Ihr fühlt euch schlecht, weil ihr nicht perfekt seid. Und steigert euch in diese Bewertung hinein. Ganz ähnlich verhält es sich auch mit sexuellen Erlebnissen im Traum. Sie tauchen immer dann auf, wenn auf irdischer Ebene ein Defizit vorhanden ist. Auch sie werden oft hinterher von Verstand zerpflückt, und diese Vorgehensweise ist nicht sehr vorteilhaft. Im Gegenteil! Ihr signalisiert damit eurem Traumkörper: „Ich kann mit dieser Erinnerung nicht umgehen!"

Das Ergebnis ist, die Traumerinnerung wird schlechter!

Wenn ihr glaubt, ihr müsstet eure Traumerinnerung ausschlachten und negativ bewerten, dann zeigt das an, dass ihr dafür unreif seid!

Ein reifer Mensch nimmt diese Botschaften als Hinweis. Er denkt vielleicht: „Aha, offenbar trage ich noch irgendwelche Aggressionen mit mir herum! Ich werde gleich mal in meinem Leben aufpassen, ob ich mich dabei ertappe, wann ich Ärger hinunterschlucke. Und wenn das so ist, werde ich überlegen, wie ich künftig anders agieren könnte!"

Das wäre ein Beispiel für positiv genutzte Traumarbeit!

Ihr könnt natürlich auch direkte Bestellungen abgeben. Zum Beispiel: „Ich möchte mit meinem Traumkörper fliegen lernen!" „Zeigt mir meine geistige Heimat!" „Woher stammt diese Eigenschaft von mir?"

Wichtig ist dabei, dass ihr etwas Geduld mit euch selber habt – auch dann, wenn ihr nicht augenblicklich romanartig träumt.

Der Traumkörper

Konfuzius

Ihr alle besitzt einen feinstofflichen Körper, und dieser feinstoffliche Körper hat die Eigenschaft, dass er nachts den physischen Körper verlässt. Zuweilen, wenn ihr euch in der Einschlafphase befindet, bekommt ihr dieses Abheben des feinstofflichen Körpers halb bewusst mit. Es könnte passieren, dass ihr erschreckt und zurückfallt – dass ihr das Gefühl habt, in ein Loch zu stürzen, und das bedeutet, dass euer Bewusstsein noch nicht vollkommen ausgeschaltet war. Euer feinstofflicher Körper steht kontinuierlich in Verbindung mit den Lichtwelten. Mit dem Bereich, in dem ihr euch auch zwischen den Inkarnationen aufhaltet. Und dieser feinstoffliche Körper ist über die Silberschnur verbunden mit eurem physischen Körper. Der feinstoffliche Körper hat am rechten Schulterblatt die Eintrittsstelle der Silberschnur, und diese Silberschnur könnt ihr euch vorstellen wie ein elastisches Band, welches Energien zwischen dem feinstofflichen Bereich – also eurer Seele – und eurem physischen Körper austauscht.

Wir möchten euch gern Folgendes vorschlagen: Stellt euch einmal euren feinstofflichen Körper vor. Der feinstoffliche Körper befindet sich in einer Lichter-Stadt. In einer Realitätsebene, in der lichtvolle Kristallgebäude stehen. Und die Silberschnur fließt zurück und geht über das Kronenchakra in euren physischen Körper hinein. Und über diese Silberschnur erhaltet ihr einen ungehinderten Energiefluss von Informationen aus hohen geistigen Ebenen. Es fließen euch Kräfte der Klarheit, der Wahrheit, der Allumfassenden Liebe, Informationen zu neuen Erfindungen und Christuspräsenz zu. All diese Energien erfüllen euren physischen Körper, fluten ihn mit Licht und der Weisheit eurer Seele. Dieses Wissen wird eingespeist über die Silberschnur und aufgenommen von eurem Geist, und ein wacher Teil von euch kann das, was da ankommt, klar und deutlich übersetzen und in eurem Leben anwenden.

Ihr glaubt im Allgemeinen, dass euer Denken im Gehirn stattfindet, dass eure beiden Hirnhälften und das Stammhirn dafür prädestiniert sind, dass ihr klar denkt, fähig seid, Entscheidungen zu treffen, Wahrheiten zu erkennen. Aber wir möchten euch an dieser Stelle sagen, dass euer Gehirn lediglich das Materie gewordene Gegenstück eurer Silberschnur darstellt. Euer wirkliches Wissen kommt aus einer anderen Ebene! Und mit der eben genannten Übung könnt ihr euch größere Teile eures Bewusstseins erschließen!

Friedensmeditation

Frage:

Mir ist der Frieden in der Welt ein großes Anliegen, und ich versuche immer wieder, in Gedanken, Energien des Friedens auszusenden. Kannst du unserer Runde Tipps geben, wie wir zum Frieden auf der Erde beitragen können?

Konfuzius

Meine Lieben, wichtig dabei ist, dass ihr bei euch selbst beginnt. Lernt als erstes, euch in einen liebevollen, friedlichen Zustand zu versetzen. Erschafft die Liebe in eurem Herzen, das ist wichtig!

Wenn ihr gelernt habt, in eurem Herzen ein Gefühl des Friedens und der Harmonie aufzubauen, dann trefft euch mit befreundeten Menschen, die das ebenfalls beherrschen. Es sollte in dieser Gruppe keinen Neid, Missgunst oder Konkurrenzkampf geben! Sorgt für eine offene, ehrliche Atmosphäre voller gegenseitiger Anteilnahme – damit habt ihr den Boden bereitet für eine kraftvolle Arbeitsgruppe, mit der ihr wertvolle Friedensarbeit leisten könnt.

Bei der aktiven Friedensarbeit könntet ihr folgendermaßen vorgehen:

Setzt euch in einem Kreis zusammen. Beginnt mit einer geführten Meditation, die jeden Einzelnen in einen entspannten, friedvollen Zustand versetzt. Ruft euch die Hilfe der Aufgestiegenen Meister und Erzengel und errichtet in eurer Mitte eine Lichtsäule. Stellt euch vor, wie sich die Strahlung der Lichtsäule intensiviert, sodass sie zum Leuchtturm wird. Sie überstrahlt den Ort eures Treffens, die Nachbarstädte, fließt über die Grenzen eures Landes, überspannt den europäischen Kontinent, überquert die Meere nach Afrika, fließt nach Amerika, über das Festland nach Asien, umschließt den gesamten Erdball, einschließlich Australien. Verweilt bei dem Gedanken, dass die Erde eingehüllt ist in vollkommene Liebesenergie.

Und dann stellt euch vor, wie es überall auf jedem Kontinent dieser Erde Menschen gibt, die bereit sind, ihr Herz zu öffnen und diese Liebesschwingung aufzunehmen. Es gibt diese Menschen überall! Auf jedem Kontinent! In jedem Land! Auf jeder Insel!

Stellt euch vor, wie sie lächelnd innehalten und die Liebesenergie in ihrem Herzen ein Licht entzündet. Sie beginnen zu strahlen und offen aufeinander zuzugehen. Und dann beginnen sie sich ihrerseits zu vernetzen, strahlen Lebensfreude, Harmonie, Offenheit, gegenseitige Anerkennung und innere Stabilität aus. Überall entstehen neue Leuchttürme des Friedens. Und die Energie um die Erde intensiviert sich mehr und mehr!

Lasst euch bei eurer Energiearbeit von inneren Bildern anleiten.

Versendet Vorstellungen der Liebe und des Friedens!

Vertraut darauf, dass ihr fähig seid, über eure innere Anleitung die richtigen Worte und Bilder zu empfangen, und dass sich die geeigneten Menschen für eine wirkungsvolle Energiearbeit zusammenfinden. Das ist das, was wir dazu sagen möchten!

Medialität

Die Umstrukturierung eures Bewusstseins

Kuthumi

Seid gesegnet, seid in der Liebe, das ist Meister Kuthumi.

Meine Lieben, eure Erde befindet sich in einem Aufstieg. Es ist ein intensiver Prozess des Wandels im Gange. Ihr könnt ihn auf allen Ebenen wahrnehmen. Wenn ihr euch selbst beobachtet, spürt ihr, dass euer Bewusstsein vor zwanzig Jahren noch anders strukturiert war, als das heute der Fall ist. Es macht sich so etwas wie eine Veränderung des Weltbildes, eine Erweiterung eures geistigen Potenziales bemerkbar. Ihr erinnert euch zurück an den Schöpfergott, der ihr wart, ganz am Anfang, als ihr dieses Duale Universum betreten habt und noch in eurer vollen göttlichen Größe wart.

Meine Lieben, die jetzige Entwicklung läuft darauf hinaus, dass ihr euch nach und nach dieses Potenzial wieder eröffnet. Es könnte in eurem Alltag vorkommen, dass ihr das Gefühl habt, euer Verstand funktionierte nicht mehr so, wie ihr das von früher her kanntet. Ihr geht dann vielleicht in einen anderen Raum, schaut in einen Schrank und steht irritiert davor und wisst nicht mehr, was ihr eigentlich wolltet. Oder ihr seid in einem Gespräch und möchtet dringend etwas mitteilen, aber ihr werdet unterbrochen, und im nächsten Moment wisst ihr nicht mehr, was es war.

Meine Lieben, das sind Phänomene, die auftreten können. Euer Bewusstsein verändert sich! Das bedeutet, dass ihr nicht mehr nur über euren Verstand funktioniert. Ihr erschließt euch neue Ebenen in euch.

Es könnte zum Beispiel auch vorkommen, dass ihr in einem Seminar, wenn ihr Übungen macht, plötzlich ganz stark spürt, dass eine Person jetzt gleich das und das sagt, und im nächsten Moment spricht sie es aus. Das ist die Telepathie. Sie gehört auch zu euch und wird in dieser Zeit wieder aktiviert.

Ihr seid empfänglich für Botschaften von Menschen, die euch nahestehen, für Hinweise eures Hohen Selbstes, geistiger Führer, Begleiter an eurer Seite. Und das alles verändert euer inneres Weltbild. Wenn ihr schaut, was ihr vor zwanzig Jahren für richtig und für wichtig gehalten habt, dann waren das ganz andere Dinge, als das heute der Fall ist. Euer Bewusstsein strukturiert sich um. Dabei könnte eine Begleiterscheinung sein, dass ihr plötzlich das Gefühl habt, auf der Leitung zu stehen.

Meine Lieben, das ist vollkommen legitim. Ihr müsst euch keineswegs einreden, dass diese Phänomene Anzeichen von Krankheiten sind und dass euer Hirn jetzt neuerdings irgendwelche Ausfälle hat. Seid zuversichtlich! Was sich da verändert, ist euer Potenzial! Ihr erschließt in euch auch eure Vergangenheit, welche Erfahrungen ihr aus früheren Inkarnationen mitbringt. All das sind Veränderungen, die in eurem Geist ablaufen. Ihr entwickelt euch dahin, dass ihr die Energie dieses Schöpfergottes, der ihr einmal gewesen seid, in der Physis erinnert. Und das ist ein gewaltiger Schritt! Nehmt eure göttliche Ausstrahlung an!

Fragen zum Thema

Frage:

Wenn ich es richtig verstanden habe, dann hat die geistige Welt auch nur einen begrenzten Einblick in die Zukunft, was konkrete Ereignisse angeht, aber eine Wahrnehmung von Tendenzen. Wie kann es dann sein, dass Menschen als Wahrsager, als Kartenleger etc. arbeiten und zu sehr konkreten Ergebnissen kommen? Ist das dann fauler Zauber, oder wie muss man das sehen?

Kuthumi

Mein Lieber, wir möchten dir die Frage folgendermaßen beantworten: Wenn ihr zeitlich weiter zurückgeht, zum Beispiel ins Mittelalter, wo die Seele noch intensiv mit Karma zu tun hatte – mit Ausgleich – da war es leichter, konkretere Aussagen zu machen als heute.

Dadurch, dass ihr euch Karma erschaffen habt, seid ihr in Situationen hineingeschlittert, die sinngemäß so etwas wie eine Vergeltung waren – eine selbstgewählte Vergeltung. Und da war es einfacher, zu schauen, was bei einer Person los war. Hellsichtige Menschen haben damals ziemlich konkrete Aussagen machen können, was in eurem Leben anstand, zum Beispiel eine Heirat mit einer hochgestellten Persönlichkeit, wie viele Kinder ihr bekommen werdet, ein tragischer Unfall eines eurer Kinder. Eine Pestepedemie, bei der euer Mann stirbt. Ein großer finanzieller Verlust. Eine erneute Heirat mit einem älteren, griesgrämigen Partner. Und dann der gewaltsame Tod desselben.

Derartige Aussagen waren damals ganz konkret möglich! Das war bedingt durch die Wahl eures Karmas. Heute jedoch ist es so, dass ihr über dieses Karmaspiel weitestgehend hinausgewachsen seid, bis auf einige, ganz wenige Ausnahmen, die sich immer noch hier befinden. Es gibt auch wenige Ausnahmen, die sich wieder neues Karma erschaffen. Zum Beispiel Menschen, die einen Krieg auslösen, die beschließen, in den Krieg zu ziehen, und dort töten. Das sind Ereignisse, durch die wieder neues Karma erschaffen wird. Diese werden dann auf einer Zeitebene geboren, wo dieses Spiel noch weiter aktiv ist.

Nun fragst du nach Wahrsagern, nach Kartenlegern, die in der jetzigen Zeit die Zukunft voraussagen. Meine Lieben, es ist so, es gibt für den Planeten allgemeingültige Aussagen, was geschieht. Von diesen Aussagen, die euren Planeten betreffen, seid ihr alle mehr oder weniger beeinflusst durch Bewusstseinsschritte, die ihr alle absolvieren dürft. Und eine Kartenlegerin oder Wahrsagerin kann aus ihren Karten ablesen, wo es im Leben einer Person klemmt, mit welchen Schritten sie ringt. Und das ist eine hilfreiche Arbeit, die euch eure Persönlichkeit erhellt.

Sagt sie euch andererseits: „Nächsten Winter wirst du einen Skiunfall haben. In drei Jahren wirst du geschieden und mit 70 Jahren bekommst du einen Dachziegel auf den Kopf!“ dann solltet ihr euch fragen, ob euch derartige Aussagen wirklich dienlich sind.

Mein Lieber, auch mediale Menschen sind unterschiedlich weit entwickelt, und es obliegt deiner Weisheit, welches Niveau du konsumierst.

Tod und Sterben

Das Sterben in dieser Zeit

Kuthumi

Nun, meine Lieben, in einer aufsteigenden Zeitebene ist es so, dass sich zuweilen auch Menschen eures Umfeldes verabschieden. Diese Personen können den entwicklungsmäßigen Anforderungen, die durch die Schwingungserhöhung ausgelöst werden, nicht standhalten und kehren dann zurück in den jenseitigen Bereich. Sie werden dort eine Weile verbleiben und zu einem späteren Zeitpunkt in eine irdische Ebene gehen, die mit ihrer persönlichen Schwingung konform geht, sodass sie wieder neue Stabilität im Inneren entwickeln. Und sie werden sich in einer späteren Inkarnation wieder für eine aufsteigende Zeitebene entscheiden und dann ihren Abschluss machen.

Meine Lieben, euch wurde zum Teil das Bild vermittelt, dass Personen, die jetzt sterben, schnellstmöglich wieder hier geboren werden, aber das ist nicht der Fall!

Ihr müsst euch Folgendes vorstellen: Eine Person, die bei diesem Aufstieg spürt, dass sie die Energien nicht halten kann, dass sie die Prüfung nicht ablegen kann, weil sie von ihrem Seelenalter, von ihren inneren Verstrickungen her noch unfähig ist diesen Entwicklungsschritt mit zu vollziehen, eine solche Person ist erleichtert, wenn sie aus dieser Ebene herauskommt. Sie empfindet den Tod als Erleichterung, und das Letzte, was eine solche Person wünscht, wäre, sofort wieder in diese Zeitebene zurückzukehren, an der sie gerade gescheitert ist.

Es wäre genauso, als ob ihr von einem Schulkind, welches in der 7. oder 8. Klasse nicht mehr mitkommt, verlangt: So, ich nehme dich jetzt da heraus und schicke dich zur Abschlussprüfung. So etwas wäre sehr unfair, und so funktioniert dieses Spiel nicht! Es gibt viele Zeitebenen, die später in diesen Zyklus des Aufstieges kommen, und jeder, der sich jetzt verabschiedet, wird irgendwann einmal zu einem späteren Zeitpunkt, wenn diese Seele soweit ist, seinen Abschluss machen.

Fragen zum Thema

Frage:

Ich wüsste gerne, was passiert, wenn man die Meisterprüfung nicht besteht?

Kuthumi

Du inkarnierst aus und gehst zurück in den jenseitigen Bereich und wirst noch einmal zu einem späteren Zeitpunkt geboren. Das ist das, was möglich ist! Es gibt keinen Deal, bei dem sich jemand durchmogeln kann. Aber die Wahrscheinlichkeit, dass jemand von euch ausinkarniert, ist sehr gering. Ihr seid alle weit vorangekommen und habt bewusst an euch gearbeitet.

Es ist so, meine Liebe, zuweilen geht ihr bei dieser Meisterprüfung durch intensivste Prozesse. Ihr werdet geschüttelt von euren innewohnenden Mustern, und ihr begebt euch ins Leid, in die Verzweiflung, oder ihr agiert äußerlich und erschöpft euch. Das sind alles Möglichkeiten. Aber wenn eine Person bereits die ersten Schritte zum Erwachen getan hat, wenn sie ernsthaft an sich arbeitet, wenn sie in ihrem Inneren vorankommt, dann wird sie hier auf diesem Planeten verbleiben und sie wird diese Meisterschaft erfolgreich vollenden.

Meine Liebe, du brauchst keinerlei Angst zu haben. Es bleiben diejenigen zurück, bei denen keine Hoffnung besteht, dass sie bestimmte Schritte jetzt realisieren könnten.

Frage:

Ich möchte gerne wissen, ob das Datum, zu welchem wir diese irdische Ebene wieder verlassen, bereits festgeschrieben ist?

Kuthumi

Nun, meine Lieben, wir möchten euch beruhigen, ein solches Datum existiert in dem Sinne in eurer Zukunft nicht. Ihr werdet es dann festlegen, wenn ihr diesen irdischen Plan wieder verlassen möchtet, wenn die Zeit reif ist.

Versteht es so, meine Lieben: Vor dieser Inkarnation wart ihr im feinstofflichen Bereich, ihr wart im sogenannten Jenseits, und jeder von euch gehört in mittlere bis hohe Ebenen des jenseitigen Bereiches. Das sind Regionen, die sehr liebevoll sind, in denen ihr Einheit, Liebe und Freundschaft erfahrt. Es gibt dort nichts, was euch irgendwie mangeln könnte. Ihr seid ausgeglichen, vollkommen in eurer Mitte und aufgeladen mit Harmonie und Freude, und aus dieser Energie heraus erwählt ihr euch ein neues Leben.

Und oftmals betrachtet ihr im jenseitigen Bereich die Erfahrungen und Lernschritte, die ihr euch für die nächste Inkarnation gewählt habt, als etwas vollkommen Läppisches, was ihr sozusagen mit links, einfach so macht, ohne dass es euch in irgendeiner Weise anstrengt. Ihr seht dieses auserwählte Leben, die Erfahrungen, die ihr euch vorgenommen habt, als etwas, was euch vollkommen einfach und locker von der Hand geht.

Dann werdet ihr geboren und ihr kommt in die Dualität, es gibt Prägungen aus dem Elternhaus. Ihr werdet konfrontiert mit der Enge der Physis, die euch jetzt sauer aufstößt, und dann kommen eure Lernschritte auf euch zu und ihr bestimmt, in welchem Tempo ihr irgendetwas lernt. Wenn es dann irgendein Problem gibt, das ihr beim ersten oder zweiten Anlauf nicht meistert, dann könnte es sein, dass ihr dieses Thema vorläufig auf die Seite schiebt, dass ihr euch vornehmt, irgendwann in der Zukunft werde ich das noch einmal angehen, aber jetzt ist offenbar nicht der Zeitpunkt. Ihr beschäftigt euch mit anderen Schritten, und von dem her könnt ihr nicht im Vorfeld festlegen, ich werde für diese Lernschritte 60 Jahre brauchen oder 70 oder 80 oder 90 oder 120. Das bestimmt ihr, wenn ihr in der irdischen Realität seid.

Und dann schaut ihr auch immer wieder, wie kann ich mein Leben umgestalten, was ist mir an Entwicklung noch möglich, oder wie sehr habe ich mich in eine Situation hineinmanövriert, die mir persönlich nicht mehr dient. Und dann finden Absprachen statt, wann ihr gehen möchtet. Es gibt nicht irgendein Datum, was da festgeschrieben wäre in der Zukunft.

Frage:

Mein Mann ist vor 9 Jahren gestorben. Jetzt möchte ich gerne fragen, wie es ihm geht?

Kuthumi

Gut. Moment. Hm. Er ist hier. Du spielst schon länger mit der Idee dieser Frage, und er war schon das letzte Mal hier und hat auf Kohlen gesessen, aber da hattest du dich anders entschieden.

Nun, meine Liebe, was ihm sehr, sehr wichtig ist, dir mitzuteilen: Du hattest doch Recht, und er hat es damals nicht für möglich gehalten, aber zuletzt kamen ihm schon einige Dinge, die ihn sehr verwundert haben! Das sollen wir dir mitteilen!

Nun, meine Liebe, ihm geht es gut, und er möchte dir ans Herz legen, dass er glücklich ist und dass du es auch sein sollst. Er dankt dir für die gemeinsamen Jahre, für dein Verständnis und auch für deine Geduld, die du immer wieder aufgebracht hast. Und du möchtest bitte darauf achten, dass du glücklich wirst, dass du glücklich bist. Und wenn du einen anderen Mann kennenlernst, den du liebst, dann liebe ihn ohne schlechtes Gewissen. Du verdienst es! Das ist das, was wir dir vermitteln möchten.

Antwort:

Ich danke ihm von ganzem Herzen.

Kuthumi

Er freut sich sehr.

Antwort:

Ich mich auch.

Frage:

Kann man neu geboren werden, und zwar einen Tag, nachdem man gestorben ist?

Konfuzius

Meine Liebe, wir begrüßen dich. Im Allgemeinen ist es so, dass ihr, wenn ihr sterbt, in den jenseitigen Bereich übergeht, ihr kommt nach Hause, und das Letzte, was euch einfallen würde, wäre, sofort wiedergeboren zu werden!

Ihr seid dann erst mal sehr, sehr froh, dass ihr all eure Freunde wiederseht, all eure Bekannten wiedertrefft, dass ihr zu Hause seid. Ihr werdet vielleicht voller Freude weinen, ihr werdet die Freunde treffen, die euch wichtig sind, und ihr werdet möglicherweise eine Party nach der anderen besuchen, und das Einzige, was eure Freude ein wenig trübt, sind die trauernden Angehörigen, die da auf der Erde herumsitzen und sich die Augen ausweinen.

Meine Liebe, die Wahrscheinlichkeit, dass jemand sofort wiedergeboren wird, ist außerordentlich gering. Wir möchten nicht sagen, dass es einhundertprozentig niemals der Fall sein kann. Was häufig vorkommt, ist, dass wenn jemand zurückkehrt in den feinstofflichen Bereich, dass aus dieser selben Seelenfamilie ein feinstofflicher Bruder oder eine Schwester geboren werden und in die irdische Realität gehen.

Grob geschätzt ist es so, dass ihr euch so lange im jenseitigen Bereich aufhaltet, wie ihr im Durchschnitt auf der irdischen Ebene seid, weil ihr abwechselnd mit euren Seelengeschwistern geboren werdet. Eine Hälfte ist immer im feinstofflichen Bereich, und die anderen bringen eine Inkarnation hinter sich, und wenn sie dann zurückkehren, dann seid ihr vielleicht noch eine Zeitlang zusammen und dann werden die anderen aus eurer Seelenfamilie geboren.

Frage:

Muss man nach dem Aufstieg – also nach 2012 – nicht mehr sterben? Ist unser Körper dann in so einer hohen Schwingung, dass Sterben überflüssig wird?

Konfuzius

Meine Liebe, das können wir nicht bestätigen. Es ist so: Eure Schwingung verändert sich, ihr werdet immer feiner. Aber ihr habt einen physischen Körper, der einheitlich einen Bauchnabel hat, und ihr seid sozusagen Geist, der in der Physis wohnt. Und diese Physis verändert sich. Sie verändert die Schwingung und damit geht einher, dass die Entwicklungssprünge, die in euch stattfinden, ungeheuerlich sind. Ihr macht Entwicklungsschritte, die von einem Menschen, der weitestgehend robotermäßig unbewusst gelebt hat, zu einem Schöpfergott hingehen. Aber das bedeutet nicht, dass eure irdische Hülle in naher Zukunft unsterblich wird. Was sich verändert, ist der Prozess des Sterbens: Es ist dann eher so, dass ihr mit einem anderen Bewusstsein sterbt, dass ihr die Angst vor dem Tod verliert, dass ihr mit Leichtigkeit, vielleicht sogar mit einem Abschiedsfest mit euren Freunden diesen Schritt geht, dass ihr keine Schuldgefühle mehr habt und euch Alibis in Form von Krankheiten zulegen müsst. All das verschwindet und stattdessen kommt mehr Bewusstheit. Aber wir können euch nicht bestätigen, dass der irdische Körper auf Ewigkeiten hält. Es könnte sein, dass ihr länger in der Physis verweilt, als das im Allgemeinen üblich ist. Aber das bedeutet nicht, dass der physische Körper sobald unsterblich wird.

Es wäre genaugenommen sogar eine Zumutung für eure Seele! Ein alter Mensch beginnt sich bereits zu seinen Lebzeiten Schritt für Schritt zurückzuziehen. Irgendwann kann er nicht mehr mithalten mit den äußeren Veränderungen. Da kommen technische Neuerungen, die er nicht mehr begreift, die Werte der Gesellschaft haben sich umformiert und seine physische Hülle zeigt deutliche Verfallserscheinungen. Irgendwann kommt dann die Verweigerung: Er hat keine Lust mehr, in die Zeitung zu schauen, sich mit neuen Gedanken auseinanderzusetzen, und zieht sich mehr und mehr in seine eigene Welt zurück. Und an dieser Stelle fruchtet die Aufklärung aus dem jenseitigen Bereich. Dann ist er offen für die Begegnung mit bereits Verstorbenen. Und diese erscheinen und nehmen ihm die Angst vorm Übergang. Der Tod ist das Tor in die Lichtwelten am Ende eines mühsam gewordenen Lebens!

Die Seelenfamilie

Ein Schöpfergott entscheidet sich für das Spiel des Vergessens

Konfuzius

Vor langer, langer Zeit, die es im feinstofflichen Bereich nicht gibt, vor einer Ewigkeit, wie ihr vielleicht denken würdet, wart ihr alle große, androgyne Wesen, Götter, mit einem großen Schöpferpotenzial, mit absoluter Bewusstheit, und als solche kanntet ihr keinerlei Mangel, keinerlei Neid, keinerlei Eifersucht und all die polaren Möglichkeiten, die im Dualen Universum erfahrbar sind.

Ihr wart sozusagen auf einer Erfahrungsebene, die andere Gesetzmäßigkeiten hatte, und diese Gesetzmäßigkeiten sahen so aus, dass ihr dort in dieser Welt eure eigene Schöpfermacht erprobt habt. Ihr konntet materialisieren. Alles, was ihr euch ausgemalt und vorgestellt habt, hat sich augenblicklich vor euren eigenen Augen erschaffen.

Und nachdem ihr dort eine gewisse Zeit materialisiert habt, seid ihr immer besser geworden, ihr habt euch gigantische Landschaften erdacht, tolle Häuser mit allen erdenklichen Ausstattungen. In dieser Erfahrungsebene, in der ihr euch mit dem Materialisieren beschäftigt, seid ihr voll in eurer gigantischen Schöpfergröße, ihr erlebt euch die ganze Zeit in einem königlichen, brillanten, göttlichen Zustand, und die Möglichkeiten, die im Dualen Universum erfahrbar sind, sind für euch kaum vorstellbar. Ihr erschafft den ganzen Tag und ihr beschäftigt euch mit anderen, ihr tauscht euch aus und holt euch Anregungen und materialisiert dann eurerseits diese Dinge. Irgendwann einmal, nachdem ihr dort eine längere Zeit verbracht habt, wart ihr in euren Materialisationen so absolut perfekt, dass ihr die Landschaften mit absoluter Perfektion nur so hingebeamt habt. Ihr konntet es, so wie ihr hier auf irdischer Ebene die Schnürsenkel bindet oder eure Klettverschlüsse zumacht.

Und dann kam der Moment, wo euch dieses Materialisieren allmählich zu langweilen anfing. Dieses Universum hatte keine Herausforderungen mehr. Ihr begannt euch zu langweilen und ihr sehntet euch nach neuen Erfahrungen.

Irgendwann kam dann jemand daher und erzählte euch: Da gibt es eine ganz irre Erfahrungsebene. Diese nennt sich Duales Universum! Da musst du unbedingt mal hingehen! Was du dort erleben kannst, das gibt es nirgends! Das kann man nur live erleben, denn so etwas kann man sich beim besten Willen nicht vorstellen. Dort geht alles schief, dort sind alle total verrückt, und dort kannst du Erfahrungen machen, die sind anderswo absolut unvorstellbar! Geh unbedingt in dieses Duale Universum! Du lernst neue Möglichkeiten kennen und kannst dich auf eine Weise austoben, die hier oben absolut undenkbar wäre.

Und ihr werdet vielleicht noch erfahren haben, dass ihr dabei eure Schöpfermacht verliert, dass ihr alles vergessen werdet und dergleichen mehr, aber so ein androgynes Wesen – ein Schöpfergott – der kann mit dem Begriff Vergessen nicht viel anfangen. Der steht da und wundert sich und kann sich nicht vorstellen, dass solche Auswüchse wirklich erfahrbar sind.

Nun, meine Lieben, irgendwann einmal, sonst wäret ihr jetzt nicht hier, habt ihr also ganz bewusst dieses Duale Universum betreten. Ihr habt damals euren androgynen Körper und die Schöpfermacht aufgegeben und euch auf ein Spiel eingelassen, welches „Vergessen" heißt: Vergessen der eigenen, wahren Größe! Auf ein Spiel, in dem ihr die unterschiedlichsten Erfahrungen sammeln könnt.

Ihr seid also hineingegangen in dieses Duale Universum und habt euch gesagt, dass ihr doch einmal sehen möchtet, wie es da zugeht und was da alles los ist. Nun sitzt ihr hier in einem physischen Körper, habt ein Geschlecht und versucht, euch selbst zu finden!

Und ganz am Anfang, als ihr sozusagen noch neu wart in diesem Dualen Universum, da habt ihr euch doch wahrhaftig eingebildet, dass dieses Vergessen bei euch eine Ausnahme macht oder dass ihr dieses Spiel ganz schnell durchschaut. Dann seid ihr das erste Mal in der Physis gewesen und habt erstaunt festgestellt, dass dieser Spielplan des Vergessens tatsächlich funktioniert!

Meine Lieben, aber das liegt lang zurück. Und wir machen jetzt einen großen Sprung:

Wenn ihr weit fortgeschritten seid in eurem Inkarnationszyklus, dann taucht in euch die Erinnerung auf, dass ihr im eigentlichen Sinne ein großes geistiges Wesen seid, und die Sehnsucht, dass dieser Inkarnationszyklus in der Dualität irgendwann ein Ende finden möge! Das ist die Sehnsucht nach einer Freiheit, die ihr euch wünscht und die in euch, in eurem tiefsten Inneren anklingt. So wie den Schöpfergott eines Tages seine Materialisationen zu langweilen begannen, so ähnlich geht es euch am Ende des Inkarnationszyklusses in der Physis: Der Pepp ist weg! Und wenn ihr ein gewisses Bewusstsein wiedererlangt habt, hört ihr auf, euch mit Wonne in die Dualität zu werfen und die Rollen mit Inbrunst und Leidenschaft zu spielen. Die Langeweile hält Einzug! Seht ihr dabei Parallelen?

Wer gehört in meine Monade?

Konfuzius

Meine Lieben, setzen wir die Geschichte des Schöpfergottes fort:

Vor ewig langen Zeiten habt ihr irgendwann einmal als ein androgynes Wesen an den Toren des Dualen Universums gestanden, und ihr habt damals dieses Spiel der Polarität, welches hier in diesem Universum geboten wrd, als sehr spannend empfunden.

Ihr seid schließlich eingetreten, habt diese göttliche Größe, mit der ihr vorher behaftet wart, aufgegeben, und aus diesem androgynen

Wesen wurde eine Seelenfamilie, bestehend aus einem Göttlichen Hohen Selbst und einer unterschiedlichen Anzahl von Körpern mit Geschlechtern.

Ihr alle seid also irgendwann einmal in dieses Duale Universum gekommen, und ihr seid auch nicht allein da hinein gegangen. Es waren andere androgyne Wesen an eurer Seite, die euch begleitet haben, die gleichzeitig bereit waren, sich auf dieses Spiel einzulassen. Und das ist dann eure Monade. Und so eine Monade könnte mehrere hundert oder tausend Personen zählen.

Meine Lieben, und wenn ihr dann miteinander zu inkarnieren beginnt, dann findet zwischen euch ein intensiver Austausch statt. Ihr erzählt euch von euren Erfahrungen in der Physis und ihr arbeitet zusammen eure Themen auf, trefft euch immer wieder in den Inkarnationen. Es sind die Menschen, die zu eurer Monade gehören, bei denen ihr auch in der Physis, wenn ihr sie kennenlernt, sofort spürt, ihr habt einen guten Draht zu ihnen, eine Wellenlänge, ihr sprecht sozusagen eine Sprache, ihr versteht euch, ihr habt ähnliche Erfahrungen gemacht und ihr interessiert euch auch für sehr ähnliche Bereiche.

Dann ist die Wahrscheinlichkeit groß, dass es sich um Personen handelt, die aus eurer Monade sind, beziehungsweise aus einer Monade, die zu einem ähnlichen Zeitpunkt wie ihr begonnen hat zu inkarnieren. Ihr habt dann die gleiche Schwingung, die gleiche Wellenlänge.

Und auf diesem Planeten gibt es natürlich auch Menschen, die von anderen Monaden sind, die vielleicht nach euren zeitlichen Begriffen einige Jahrhunderte später begonnen haben. Und auch diese könnt ihr treffen, aber ihr spürt, wenn ihr euch mit ihnen austauscht, dass sie nicht so recht begreifen, wovon ihr denn eigentlich sprecht, oder sie signalisieren euch: „Lass mich mit deinem Quatsch in Ruhe, wen in aller Welt interessiert denn so etwas?“ Und das sind dann Anzeichen, dass es sich um Personen handelt, die möglicherweise zu einer anderen Monade gehören.

Fragen zum Thema

Frage:

Ihr habt gesagt, bei Betreten des Dualen Universums bildet sich aus dem Schöpfergott eine Seelenfamilie. Wer bestimmt, wie groß die Seelenfamilie ist? Hat die Größe Vor- oder Nachteile?

Konfuzius

Gut, meine Lieben, da steht also dieser Schöpfergott vor den Toren dieses Dualen Universums und wägt ab, ob er diesen „Vergnügungspark" betreten soll? (grinst)

In dem Moment, wo er eintritt, bildet sich aus ihm selbst heraus eine Seelenfamilie. Zu einer Seelenfamilie gehört grundsätzlich ein Göttliches Hohes Selbst, welches androgyn bleibt und sich im feinstofflichen Bereich, im sogenannten Jenseits, aufhält. Und es gehören des Weiteren männliche und weibliche Personen dazu. Das sind Minimum eine Frau und ein Mann und ein androgynes Wesen. Und das sind Maximum neun Geschwister mit Geschlechtern, männlich, weiblich, und ein Hohes Selbst. Also es gibt die Möglichkeit, dass sich dieses androgyne Wesen teilt in zwei Personen mit Geschlechtern plus einem Hohen Selbst oder maximal in neun Personen mit Geschlechtern plus einem Hohen Selbst.

In dem Moment, in dem ihr über die Schwelle tretet, in dieses Duale Universum hinein, da habt ihr entweder eine klare Vorstellung, durch welche Zahl ihr euch teilen möchtet, oder ihr habt dies nicht. Wenn eine Vorstellung besteht, dann erfüllt sie sich. Besteht da keinerlei Vorstellung, dann ergibt sich vollautomatisch etwas zwischen dem Minimum und dem Maximum, wobei es sehr selten vorkommt, dass eine Seelenfamilie aus nur zwei Geschwistern besteht. Ebenso selten kommt es vor, dass eine Seelenfamilie aus neun Geschwistern besteht. Am meisten verbreitet sind die Zahlen, die irgendwo in der Mitte liegen. Die meisten von euch sind zu viert, zu fünft oder zu sechst.

Das bedeutet, meine Lieben, dass jeder von euch in diesem feinstofflichen Bereich eine Familie hat, und diese Familie besteht aus einem göttlichen Hohen Selbst, welches androgyn ist und den Überblick behält über sämtliche Geschwister, die existieren, und deren Aufenthaltsort und die entsprechenden Lernschritte, die anstehen. Und des Weiteren habt ihr Seelengeschwister, die ihr im feinstofflichen Bereich trefft. Und in späteren Inkarnationen wählen die Seelengeschwister, sich auch auf irdischer Ebene zu begegnen.

Nun, ihr fragtet vorhin nach den Vor- und Nachteilen, wenn es eine große Seelenfamilie gibt, beziehungsweise wenn ihr eine sehr kleine Seelenfamilie habt.

In einer großen Seelenfamilie, in der es beispielsweise acht Geschwister gibt und ein Hohes Selbst, da fallen auf die Einzelpersönlichkeit weniger irdische Inkarnationen. Sie durchlaufen jeder vielleicht nur ungefähr 80 Inkarnationen, wohingegen bei einer Seelenfamilie, die vielleicht aus drei Seelengeschwistern und einem Hohen Selbst besteht, der Einzelne aufgrund der niedrigen Teilung häufiger inkarniert. Das sind die Unterschiede, aber die Entwicklungsschritte sind im Prinzip für alle gleich.

Anfang und Ende des Inkarnationszykluses

Konfuzius

Seid gesegnet, seid in der Liebe, das ist Meister Konfuzius.

Setzen wir die Geschichte des Schöpfergottes fort:

Unser Schöpfergott ist jetzt drin im Dualen Universum, sein androgyner Körper hat sich aufgelöst und daraus ist eine feinstoffliche Familie entstanden – bestehend aus einem Hohen Selbst und einer unterschiedlichen Anzahl von weiblichen und männlichen Körpern. Damals hattet ihr noch keinerlei Erfahrung mit Materie und Polarität, sie war für euch etwas vollkommen Unbekanntes. Es war für euch ebenso schwer vorstellbar, dass dieses physische Vehikel flugunfähig sein sollte, dass ihr diesen physischen Körper anscheinend nicht mit eurer Vorstellungskraft durch den Raum bewegen konntet.

Diese Dinge waren euch aus dem feinstofflichen Bereich dermaßen vertraut, dass ihr diese Einschränkungen nur sehr schwer annehmen konntet. Bei den Schulungen über die materielle Welt wurde euch erklärt, dass ihr, um von einem Ort zum anderen zu gelangen, eure Füße benutzen müsstet, indem ihr einen Schritt vor den anderen setzt. Ebenso wurde euch erklärt, dass die Materie fest und für physische Körper undurchdringlich sei. Die Schulungen erschienen euch reichlich übertrieben, um nicht zu sagen, vollkommen unglaublich!

Und manch einer hat sich in seinen ersten Inkarnationen ordentlich blaue Flecken geholt, weil er es immer noch nicht glauben wollte. Es hat eine gewisse Zeit gedauert, bis ihr euch an diesen physischen Körper und die damit verbundenen Bedürfnisse gewöhnt hattet. Das Aufnehmen von Nahrung, Speisen und Getränken, und auch das Ausscheiden derselben, erschienen euch lange Zeit merkwürdig und fremd.

Nun, wie es heute den Anschein hat, habt ihr euch recht hübsch eingelebt in euren physischen Körpern! Ihr seid sehr geschickt im Irdischen, und abzuheben und davon zu fliegen, fällt euch nur noch im Traum ein. Aber auch dieses Vergessen ist Teil des Spieles!

Ihr seid durch viele Inkarnationen gegangen, habt euch behauptet, eure Macht missbraucht und euch in den unterschiedlichsten Rollen erprobt. Ihr habt gekämpft und euch als Opfer erfahren, die verschiedensten Berufe ausgeübt, und all diese Erfahrungen sind tief in eurem Inneren abrufbar. Nun geht es aber nicht darum, dass ihr alle Leiderfahrungen ans Licht zerrt und euch darin badet.

Mit zunehmender seelischer Reife seid ihr eher wie ein feingestimmtes Instrument, eure Gefühle geben euch Hinweise, was sich richtig anfühlt und wo Vorsicht geboten ist. Eure Gedanken bauen Brücken zu anderen Menschen, sodass ihr nachempfinden könnt, in welcher Situation sich ein anderer Mensch gerade befindet. Und zu diesem Nachempfinden und Hineinversetzen seid ihr nur in der

Lage, weil euer Inkarnationszyklus vergleichbare Erfahrungen beinhaltet. Dadurch versteht ihr, was in anderen Menschen vor sich geht!

Oft tragt ihr einen gigantischen Schatz an Geschicklichkeiten vielfältigster Art mit euch herum, und auch diese stehen euch in diesem Leben in Form von Talenten zur Verfügung. Es hat vor euch keine Zeitebene gegeben, in der der Einzelne eine derartige Palette von Geschicklichkeiten innerhalb eines Lebens ausgeübt hat. Ihr backt, kocht, näht, tapeziert eure Wohnungen, repariert euer Auto, musiziert, haltet Vorträge, schwimmt, reist in die Ferne, organisiert euren Alltag, bedient den Computer, legt elektrische Leitungen, lest und schreibt, wascht selbständig eure Wäsche, baut Pflanzen an, kümmert euch um eure Haustiere, legt Teppichboden und Parkett aus und vieles mehr.

Was glaubt ihr denn, wo diese Vielfältigkeit herkommt? Glaubt ihr wirklich, ihr hättet sie in diesem Leben erworben?

Mitnichten! Da sind viele Leben in den unterschiedlichsten Berufen vorausgegangen!

Und jetzt ist die Zeit des Erwachens! Die Zeit, um zu bemerken, was in euch vorgeht! Die Zeit, um eure Multidimensionalität und Genialität wahrzunehmen! Wo in euch ist die Erinnerung an den Gott, die Göttin versteckt? Könnt ihr sie finden?

Eure innere Balance und die Ausrichtung auf eure wahre Größe bringen euch in diesem Leben voran!

Was stört es einen Gott, wenn er morgens die Kaffeetasse umwirft, oder was stört es eine Göttin, wenn sie im 17ten Leben einen gigantischen Fehler begangen hat?

Ihr habt die Wahl, in welche Richtung eure Aufmerksamkeit und eure Bewertung laufen. Nehmt eure Bewusstheit an, sorgt liebevoll für eure innere Ausgeglichenheit und die Meisterjahre werden ein Spaziergang!

Frage:

Meister Kuthumi, ich habe eine allgemeine Frage: Wenn ein lichtes Wesen in das Duale Universum eintritt, bis zu welcher Dimension kann es sich dann erfahren? Wo halten sich die Seelengeschwister, die hier nicht inkarniert sind, und die Hohen Selbste eigentlich auf? Ich meine, in welcher Dimension?

Kuthumi

Nun, es ist so, wenn wir jetzt von Dimensionen sprechen, dann könnte sich bei euch ein sehr starres Vorstellungsbild ergeben und das wäre nicht richtig! Also, wenn ihr eintretet ins Duale Universum, habt ihr eine sehr hohe Schwingung, die unmittelbar unter der Einheit, unter der Vollkommenheit ist.

Nun werdet ihr angesiedelt und die ersten beginnen zu inkarnieren. In dem Moment, in dem die ersten aus eurer Monade in die Materie hineingehen, verliert eure Gruppe – euer Gruppenbewusstsein – an Energie, da gibt es so etwas wie einen Absturz, und möglicherweise fällt diese Monade, die in der elften Dimension war, hinab in die fünfte Schwingungsebene.

Die Dimensionen sind Schwingungsebenen. Da kommt ein klares Bewusstsein, löst sich auf und geht ins Vergessen. Und dann macht ihr Inkarnationserfahrungen. Eure Göttlichen Hohen Selbste, die im feinstofflichen Bereich sind, halten weiterhin die Stabilität, sie erschaffen einen Ort des Friedens, des Ausruhens sowohl zwischen den Inkarnationen als auch für die Schlafenden, die aus der Physis nachts auf Besuch kommen.

Dann kommt ihr wechselweise zurück aus den physischen Dimensionen, lernt dabei, und so wie ihr eure Erfahrungen sammelt, schwingt sich der feinstoffliche Bereich, da, wo sich jetzt auch eure Seelengeschwister und eure Hohen Selbste befinden, Schritt für Schritt wieder auf in höhere Dimensionen. Das geschieht dadurch, dass ihr dieses Wissen innerlich erschließt, dass ihr stabiler werdet und so weiter. Dann steigt diese Dimension, dieser Bereich, in dem ihr zwischen den Inkarnationen und auch nachts im Traum zu Hause seid, wieder allmählich höher und wird lichtvoller.

Du kannst dir das vorstellen wie einen Luftballon, in dem ein unterschiedlicher Anteil von Gas ist. Wenn da sehr viel Geist, sehr viel Gas drin ist, dann wird er nach oben steigen, aber am Anfang des Inkarnationszykluses sinkt er erst einmal hinab, hinab in das Vergessen, in die Schwärze, und von dort hebt ihr euch langsam wieder heraus.

Frage:

Das heißt, in der Dimension, in der sich die Seelengeschwister aufhalten, gibt es auch Polarität oder nur in der dritten?

Kuthumi

Das Duale Universum ist die Polarität. Das sind die Spielbedingungen hier!

Es gibt im feinstofflichen Bereich in einem gewissen Maße auch die Polarität. Ihr habt zum Beispiel in diesem Bereich auch Geschlechter. Euer Seelenkörper hat ein Geschlecht, aber ihr könnt dieses Geschlecht auch wechseln, wenn ihr in beiden Geschlechtern irdische Erfahrungen gemacht habt. Und dieses Bewusstsein erschließt sich nach und nach und ihr steigt langsam auf mit dieser Monade und damit geht auch der polare Einfluss zurück. Und wenn ihr dann wieder dort angekommen seid oder nahezu dort angekommen seid, wo dieses Duale Universum seine Pforten – seinen Ausgang hat, in der 11. Schwingungsdimension, dann wird es Zeit, dass ihr in einer aufsteigenden Realitätsebene geboren werdet, um Bewusstseinssprünge zu machen, die für euch persönlich, für eure Meisterschaft wichtig sind.

Vertraut eurer inneren Führung!

Konfuzius

Meine Lieben, es gibt noch einen weiteren Punkt, der euch zuweilen Kopfzerbrechen macht. Viele von euch begeistern sich für die Seelenfamilie, für das Hohe Selbst, für feinstoffliche Energien, für geistige Geschwister und dergleichen mehr. Und manchmal seid ihr unsicher und denkt, ihr müsstet die Dinge ganz genau wissen! Ihr müsstet wissen, wie viele Geschwister ihr habt, ihr müsstet wissen, wie der Name eures Göttlichen Hohen Selbstes ist, und ihr glaubt, dass ihr nicht weiterkommt, wenn ihr nicht zumindest den Termin für eure Kymische Hochzeit kennt. Oder ihr möchtet unbedingt erfahren, wann ihr auf irdischer Ebene einem Seelengeschwister begegnet.

Meine Lieben, das sind Fragen, die aus eurem Verstand kommen, und wir verstehen auch, dass euer Verstand das gerne wissen möchte, weil er ja vorbereitet sein möchte auf die Situationen, die da möglicherweise auf ihn zurollen, sodass ihr euch wappnen könnt, einen Schutzpanzer umlegen, euch in Licht einhüllen, damit ihr dann auch in der entsprechenden Situation in der Mitte seid und sie optimal meistert. Das möchte euer Verstand!

Aber aus unserer Sicht ist es nicht so wichtig, dass ihr all diese Dinge ganz genau und im Voraus wisst. Lernt, eurer eigenen Seele zu vertrauen. Eure Seele weiß um euer Hohes Selbst, sie weiß um eure Seelengeschwister, und sie trifft auch ihre Vorbereitungen, wenn beispielsweise die Kymische Hochzeit ansteht, dann wird eure Seele das ganz alleine einleiten. Und es ist nicht nötig, dass euer Verstand diesen Antrag stellt. Die Seele tut es! Vertraut darauf! Und wenn der richtige Zeitpunkt gekommen ist, dass ihr auf irdischer Ebene einem Seelengeschwister begegnet, dann vertraut darauf, dass ihr es merken werdet.

Das Vertrauen in eure eigene Seele, in eure göttliche Führung bringt euch viel mehr voran, als wenn ihr mit eurem Verstand Zweifel sät und euch aufregt über bestimmte Kleinigkeiten, die ihr momentan vielleicht gerade nicht wisst und die euch den Kopf heiß machen, ob ihr wirklich auf dem richtigen Weg seid oder ob ihr vielleicht elendiglich hinterherhinkt.

Meine Lieben, schafft Frieden in euch, vertraut, dass eure innere göttliche Führung, eure Seele alles arrangieren wird, was für euch wichtig ist, und dass ihr zum richtigen Zeitpunkt all diese Offenbarungen erlebt, für die ihr bereit seid.

Die Begegnung mit der Dualseele in der Physis

Konfuzius

Nun, jetzt seid ihr hier auf der irdischen Ebene und entweder weiblich oder männlich inkarniert. Ihr habt euch in diesem Leben für dieses Geschlecht entschieden, und es könnte sein, und wir betonen: könnte, dass aus eurer Seelenfamilie eine Schwester oder ein Bruder ebenfalls auf irdischer Ebene inkarniert ist; und das ist dann die Dualseele.

Nun, meine Lieben, es könnte also sein, dass ein seelischer Zwilling von euch auch gerade auf dieser irdischen Ebene anwesend ist, und es könnte darüber hinaus geschehen, dass ihr euch kennenlernt. Es ist keinesfalls so, dass ihr zufällig und ohne irgendeinen Plan zusammen inkarniert. Das ist nicht der Fall!

Wenn sich zwei aus einer Seelenfamilie für die gleiche Zeitebene, den gleichen Kontinent entscheiden, für das gleiche Land und möglicherweise in der Nähe wohnen, aufwachsen, eine ähnliche Kultur erfahren und sich dann treffen, dann geschieht das keineswegs absichtslos. Sie haben sich vorher etwas dabei gedacht!

Es ist so, meine Lieben, wenn ihr auf irdischer Ebene eure Dualseele trefft, dann erkennt ihr euch in dem Moment, in dem ihr euch in die Augen schaut. Wenn ihr euch bewusst anschaut, dann passiert in euch etwas: Ihr habt das Gefühl, dass ihr diese andere Person zutiefst kennt, dass sie euch einerseits total vertraut ist, doch auf der anderen Seite euer Verstand schreit: „Du siehst diese Person zum ersten Mal, was bildest du dir eigentlich ein? Das kann nicht sein!“

Und dabei entsteht in euch so etwas wie ein Konflikt. Ihr spürt die Gemeinsamkeit, die Ähnlichkeit, die Vertrautheit, und das Ganze fasziniert euch ungeheuerlich. Auf der anderen Seite gibt es da euren Verstand, der sich die intensiven Gefühle, die Gedanken, die sich immer wieder um eure Dualseele drehen, in keiner Weise erklären kann.

Ihr tragt in euch Erinnerungen an Begegnungen, die ihr in früheren Inkarnationen hattet. Ihr spürt auf der Gefühlsebene ein tiefes Vertrauen. Eure Seelen möchten sich zusammentun, und der Verstand kommt bei all dem nicht mit. Möglicherweise geht ihr dabei durch heftigste Gemütsbewegungen. Aber wisset auch, dass das eine Phase ist, die vorübergeht.

Des Weiteren verfügt ihr ganz klar und deutlich über einen freien Willen, und wir möchten euch ans Herz legen: Solltet ihr eurer Dualseele begegnen, verliert dabei nicht euer eigenes Leben aus den Augen, geht die weitere Entwicklung in Ruhe und Gelassenheit an und fühlt eure Gemeinsamkeiten.

Es ist nicht so, dass ihr zwangsweise irgendetwas erfüllen müsstet! Euer freier Wille könnte auch beschließen, mit dieser Person nichts mehr zu tun haben zu wollen, weil euch die ganze Angelegenheit zu heftig ist oder euch euer Ego rät, dass ihr keinen weiteren Gedanken daran verschwenden solltet, weil der andere so unbegreiflich dumm ist!

In Wirklichkeit steht ihr auf der gleichen Entwicklungsstufe! Nur rasen bei einer irdischen Begegnung eure Emotionen so heftig durch den Körper, dass euch dieser Zustand erst einmal ordentlich erschreckt!

Wenn ihr allerdings euer erstes Erschrecken überwunden habt, dann könnte daraus etwas sehr, sehr Intensives entstehen.

Fragen zum Thema

Frage:

Ich würde gerne wissen, was geschieht, wenn ich einen Seelenbruder in der Physis treffe?

Konfuzius

Gut, meine Liebe, ihr alle, auch du, habt Seelengeschwister. Und das bedeutet, dass ihr mit hoher Wahrscheinlichkeit zu zweit aus einer Seelenfamilie auf die irdische Ebene gegangen seid. Der dahinterstehende Gedanke ist erst einmal ganz simpel. Ihr wusstet vor dieser Inkarnation von den Herausforderungen der Meisterjahre. Und wenn zwei aus einer Seelenfamilie in der Physis sind, habt ihr effektiv zwei Chancen, die Prüfung zu bestehen. Das bedeutet, wenn es einer von euch versiebt, könnte immer noch der andere bestehen.

Deshalb haben viele Seelenfamilien zwei auf die Erde geschickt!

Das ist sozusagen die Regel. Es gibt dabei auch Ausnahmen. Es gibt einzelne Personen, die allein auf der irdischen Ebene sind, und es gibt wiederum Personen, die zu dritt in dieses physische Leben gegangen sind. Für gewöhnlich ist es so, dass ihr euch in unterschiedlichen Städten inkarniert, aber mit hoher Wahrscheinlichkeit auf dem gleichen Kontinent und in einem verwandten Kulturkreis. Zumindest ist das dann der Fall, wenn ihr euch in der Physis treffen möchtet.

Zwischen Seelengeschwistern gibt es viele äußere Parallelen, sie sehen einander ähnlich wie irdische Geschwister, und es gibt auch so etwas wie ein paralleles Verhalten.

Also angenommen, da gibt es zwei Seelengeschwister auf irdischer Ebene und der eine von beiden steckt gerade in einer Krise, dann ist die Wahrscheinlichkeit groß, dass der andere ähnliches durchmacht.

Oder es gibt auch kleine Alltagsparallelen. Angenommen, ihr geht in eine Buchhandlung und kauft euch ein bestimmtes Buch.

Da könnte es sein, dass euer Seelenbruder, der in einer anderen Stadt wohnt, am gleichen Tag, vielleicht eine Stunde nach euch, ebenfalls eine Buchhandlung betritt und sich haargenau dasselbe Buch kauft.

Meine Lieben, die Parallelen zwischen Seelengeschwistern sind frappierend, und wenn ihr dann in der Physis miteinander konfrontiert werdet, dann habt ihr natürlich vom Verstand her alle Herausforderungen, wie ihr damit umgehen sollt. Ihr merkt dann auch, dass diese Person vielleicht auch unangenehme Charakterzüge hat und dass ihr irgendwann aneinandergeraten werdet oder nicht auf allen Gebieten einer Meinung seid, aber das, was da zusammenrumpelt, ist euer Ego.

Frage:

Ich bin vor kurzem mit meiner Dualseele konfrontiert worden. Ich fühlte mich sehr stark zu ihr hingezogen, auch auf der Traumebene. Werde aber von meiner inneren Führung, so wie ich sie wahrnehme, nicht in diese Richtung gebracht. Das verwirrt mich. Ich würde da gern klarer sehen!

Konfuzius

Nun, mein Lieber, das irdische Zusammentreffen mit deiner Dualseele ist die stärkste Herausforderung, die es auf physischer Ebene gibt!

Zwischen euch gab es frühere Begegnungen in anderen Inkarnationen. Und häufig tut ihr niemandem Schlimmeres an als euren Seelengeschwistern. In den ersten physischen Begegnungen reagiert ihr mit einer Heftigkeit aufeinander, die nicht selten mit dem Tod endet. Und dadurch ist euer Gefühlskörper sehr, sehr intensiv mit Emotionen geladen. Einerseits besteht von der Seele her der Wunsch, sich harmonisch aufeinander zuzubewegen, sich kennenzulernen und vielleicht auch gemeinsam durchs Leben zu gehen. Aber die emotionale Ebene, das, was abgespeichert ist, sorgt dafür, dass du auf keine andere irdische Person mit dieser Heftigkeit reagierst wie auf deine Dualseele.

Sobald ihr auf physischer Ebene zusammengetroffen seid, beginnt im feinstofflichen Bereich eine Aufarbeitung. Ihr befreit euch dann von alten Belastungen, die während dieses Inkarnationszykluses zwischen euch entstanden sind. Und das dauert einige Monate, in manchen Fällen Jahre.

Nun fragst du auch, ob ihr zusammenkommen werdet?

Wir möchten es so beantworten: Ihr seid keineswegs zufällig in die gleiche Zeitebene gegangen! Ihr seid euch nicht zufällig begegnet! All das war geplant. Aber es ist auch wichtig, dass ihr euch Zeit lasst. Solange der Aufarbeitungsprozess zwischen euch läuft, haltet ihr nur kurze Begegnungen aus. Darüber hinaus habt ihr natürlich einen freien Willen und könntet euch auch gegen den ursprünglichen Plan entscheiden. Wichtig ist, dass ihr erst einmal den Ist-Zustand akzeptiert! Wir beobachten häufig, dass ihr dagegen ankämpft und versucht, möglichst schnell etwas zu erreichen, wobei ihr gegen eine Wand anrennt und euch im Inneren aufreibt. Das ist der falsche Weg! Der erste Schritt zu innerem Frieden führt über das Akzeptieren der gegenwärtigen Situation! Erfreut euch an der Tatsache, zu zweit in der Physis zu sein, und lasst euch erst einmal Zeit.

Manchmal habt ihr euch vorgenommen, bestimmte Erfahrungen im Leben zu sammeln. Ihr könntet den Wunsch hegen, Eltern zu werden, und dann kann es sein, dass die Begegnung mit der Dualseele erst etwas später stattfindet. Weil Dualseelen zusammen keine Familie gründen und Kinder zeugen können. Das ist durch die enge verwandtschaftliche Verbindung so bedingt. Sie sind eins – aus einer Essenz! Und die Erfahrung der Elternschaft ist zwischen ihnen nicht möglich! Sie teilen dasselbe Hohe Selbst!

Frage:

Werde ich meine Dualseele noch in diesem Leben kennenlernen?

Konfuzius

Meine Liebe, ein Kennenlernen ist immer geplant. Deine Dualseele ist auch inkarniert, und momentan trennen euch noch bestimmte Entwicklungsschritte. Es wäre von Vorteil, wenn ihr beide vor dieser Begegnung emotional gefestigt seid.

Aber die Begegnung mit deiner Dualseele ist geplant. Und glaube uns, dass du sie nicht verschlafen wirst, du wirst es deutlich spüren. Wenn du vor deiner Dualseele stehst, dann kommt da so viel Energie, so viel Ähnlichkeit, so viel Wiedererkennen in dir hoch, dass du es sehr, sehr deutlich merkst, selbst wenn du bei der ersten Begegnung Zweifel hast. Wenn du sie mehrfach wiedersiehst, dann spürst du, dass da etwas ganz Enges ist, was dein Ego zutiefst beschäftigt.

Frage:

Ist es überhaupt möglich, mit der Dualseele eine harmonische Partnerschaft aufzubauen?

Konfuzius

Das Endziel in der Liebe ist es, dass ihr euch in hohem Maße von den Mitgliedern eurer eigenen Seelenfamilie angezogen fühlt, mit denen ihr ursprünglich eine einzige göttliche Wesenheit wart. In diese Richtung geht letztendlich die Anziehung, und das kommt daher, dass sich eure Seelen an die Zeit erinnern, in der ihr eine gigantische, göttliche Wesenheit wart, und ihr spürt, dass es da diesen einen Partner oder diese eine Partnerin gibt, von der ihr euch mehr als von allen anderen angezogen fühlt.

Letztendlich ist es so, dass ihr euch am Ende dieses Inkarnationszykluses mehr auf eure eigene Seelenfamilie ausrichtet und auch die sexuelle Anziehung eher in eurer Seelenfamilie stattfindet. Ihr sammelt euch wieder, ihr zieht euch zusammen und kommt letztendlich in dieses Gefühl der Einheit, der Vollkommenheit, und das ist das, was ihr am Ende dieses Zykluses anstrebt.

Ja, es ist möglich, dass du mit deiner Dualseele auch in der Physis eine harmonische Partnerschaft aufbaust. Allgemein gesprochen: Wenn Dualseelen auf irdischer Ebene freundschaftlich verbunden sind, dann werden sie im rasanten Tempo gemeinsam Erkenntnisse haben. Sobald sie im Austausch stehen, geht ihnen dabei ein „Kronleuchter" nach dem anderen auf. Sie ergänzen sich – es ist wie ein Reißverschluss, bei dem von rechts und links Erkenntnisse einfließen, die sich miteinander verweben und gemeinsam etwas Stabiles bilden. Was dabei entsteht, ist eine sehr rasche Vorwärtsentwicklung und ein Begehren, welches eine sehr starke Lichtenergie hervorbringt, die von beiden Personen aufgenommen und ausgestrahlt wird. Der körperliche Akt zwischen Dualseelen hat etwas Göttliches – Ganzheitliches.

Frage:

Ist es überhaupt ethisch und moralisch richtig, dass man mit der Dualseele eine Partnerschaft anstrebt?

Kuthumi

Es ist natürlich und ihr könnt euch auch nur schwerlich dieser Magie entziehen! Durch die Existenz einer dualen Seele hat sich überhaupt erst die sexuelle Anziehung ergeben! Ihr hättet kein Interesse am anderen Geschlecht, wenn ihr dabei nicht unbewusst auf der Suche nach eurer ursprünglichen Vollständigkeit wäret. Der moralische Zweifel ist dadurch bedingt, dass ihr mit eurer Dualseele keine gemeinsamen Nachkommen zeugen könnt. Eure seelische Matrix ist identisch und damit ungeeignet, um neues Leben zu erschaffen.

Am Ende des Inkarnationszykluses fühlt ihr euch von denen angezogen, die in eure Seelenfamilie gehören. Der Schöpfergott sammelt sich wieder! Im feinstofflichen Bereich lebt ihr diese Anziehung auch ganz natürlich aus, und es hat auch nichts Unmoralisches. Auf physischer Ebene werdet ihr erst dann dahin kommen, wenn der Aufarbeitungsprozess zwischen euren Seelen beendet und auch das Beziehungs-Urmuster erlöst wurde.

(Siehe Kapitel: Karma-Spiele, Die Erlösung der polaren Urmuster in dir.)

Karma-Spiele

Die Verbindung von Karma und heftigen Emotionen

Konfuzius

Nun, meine Lieben, wir sprechen in diesem Kapitel ein wenig über den Beginn des Inkarnationszykluses und darüber, welche besonderen Geschehnisse dafür geeignet sind, dass sich Karma aufbaut, und welche Auswirkungen das wiederum auf die Wahl eurer Lebenspläne hat.

Wir hatten euch berichtet, wie die Seelenfamilie entsteht. Und ihr seid ein Anteil so einer Seelenfamilie und habt die Aufgabe zu inkarnieren, euch nach Herzenslust in der Materie zu vergnügen und viele Erfahrungen zusammenzutragen. Das tut ihr so lange mit Hingabe und Begeisterung, bis ihr merkt, dass das Ganze ein Spiel ist. Dann beginnt ihr euch über die Spielregeln zu beklagen – empfindet es gar als ein „blödes Spiel" – und sucht nach dem Ausgang im Labyrinth.

Nun, meine Lieben, bei diesem ganzen Inkarnationszyklus, bei den vielen Möglichkeiten, die ihr hattet, geboren zu werden, wieder auszuinkarnieren und ein neues Leben zu wählen, durchlauft ihr so etwas wie einen Entwicklungsweg. Im Stadium der Babyseele seid ihr zum Beispiel mit eurem Körper vertraut geworden. Im Stadium der Kindseele habt ihr euch das erste Mal nach außen orientiert. Ihr wart damals wie ein Schwamm. Ihr habt alles an Informationen aufgesogen, was ihr gehört habt, was gesprochen wurde über andere Personen, und ihr wart zuweilen stolz geschwellt, wenn ihr etwas erfahren hattet, das unter vorgehaltener Hand weitererzählt wurde.

Nun, meine Lieben, die Kindseele ist sehr stolz auf die Informationen, die sie erfahren hat, und brüstet sich mit dem, was sie gehört hat. Daraus könnte etwas entstehen, was euch später Leid einträgt. Möglicherweise habt ihr das, was ihr erfuhrt, den falschen Leuten weitererzählt. Und dadurch ist ein anderer Mensch, nämlich der, über den diese Information ging, zu Schaden gekommen. Vielleicht ist diese Person verhaftet oder gar hingerichtet worden. Aber das alles geschah nur, weil ihr eure Information weitergeben wolltet. Es war keine vorsätzliche Handlung von euch, ihr hattet nur das Bedürfnis, euch mitzuteilen.

Oder ihr hättet vielleicht in einer anderen Situation die Möglichkeit gehabt, jemandem zu helfen. Vielleicht war diese Person in einen Sumpf eingebrochen und rief verzweifelt nach euch. Aber da euch selbst die Erfahrung mit Sümpfen fehlte, habt ihr ratlos daneben gestanden und zugeschaut, wie diese Person unterging. Ihr wusstet nicht, was zu tun ist.

Oder ihr habt Männer in eine Schlacht geschickt, weil euch jemand gesagt hat, dass ihr das tun sollt.

Die Kindseele handelt nicht, um jemandem vorsätzlich zu schaden, sondern aus Unwissenheit und Naivität!

Wenn ihr dann eine solche irdische Inkarnation verlasst und hinübergeht in den jenseitigen Bereich, werdet ihr die treffen, die ihr verraten habt, die ihr ertrinken ließet oder die ihr geopfert habt, und es könnte euch sehr leid tun. Und das wiederum könnte euch dazu bewegen, dass ihr eine Inkarnation auswählt, in der ihr die Erfahrung sammelt, von jemandem verraten zu werden, zu Tode zu kommen, ohne dass euch jemand hilft, oder in einen unfairen Kampf geschickt zu werden.

So, auf diese Art und Weise, spielen die Ereignisse ineinander. Es ist nicht so, dass euch irgendetwas aufgebürdet wird. Ihr wählt die Erfahrungen, die ihr machen möchtet, aufgrund dessen, was ihr in der Vergangenheit getan habt. Und ihr wählt sie höchstpersönlich. Dahinter steht in dem Sinne keine göttliche Strafe oder etwas, was euch zwingt. Es ist eure Bereitschaft, die Geschehnisse auch einmal von der anderen Seite aus zu erleben.

So, meine Lieben, bewegt ihr euch allmählich durch die Seelenalter. Ihr kommt ins Stadium der Teenagerseele, die sehr darauf bedacht ist, nach außen Eindruck zu machen und eine perfekte Rolle hinzulegen. Und ihr kommt in das Stadium der reifen Seele, die in sich selbst sucht, welche Verstrickungen und Muster der Vergangenheit in ihr abgespeichert sind.

Und dann kommt ihr in das Stadium der Alten Seele. Die Alte Seele findet in sich selbst die Ruhe, die Ausgeglichenheit, den Frieden. Sie ist in der Lage, sich selbst in einen positiven, friedvollen Zustand zu versetzen. Sie hat aufgehört, sich als Kämpfer zu beweisen. Und sie hat aufgehört, das Opfer zu spielen. Sie ist sozusagen in ihrer Mitte, verbunden mit ihrer eigenen Medialität, mit ihrer inneren Stimme, mit ihrer Intuition. Und sie ist bereit, die Verantwortung für dieses Leben zu übernehmen.

Dann hat sie dieses „Spiel des Vergessens" durchschaut, und die Erinnerung an ihre wahre Größe beendet den Inkarnationszyklus.

Fragen zum Thema

Frage:

Die Beschreibung, wie die Kindseele in das Karma hineingezogen wird, hat mich sehr bewegt! Und trotzdem ist mir noch nicht ganz klar, wie sie sich diese Vergeltung wählt. Könntet ihr das an einem Beispiel konkretisieren?

Konfuzius

Was wir euch damit vermitteln wollten, ist: Es gibt keine Zufälle!

Meine Lieben, alles, was geschieht und was mit persönlichen, intensiven Auswirkungen auf euer Leben zu tun hat, ist etwas, was sich eure Seele verdient hat und was sie erleben möchte. Alles, was ihr von anderen Menschen hört, an Leid, an Erniedrigungen, an Erfahrungen negativer Art oder was ihr auch in euch entdeckt, ist etwas, was ihr selbst auf Seelenebene gewählt habt. Nun, wenn ihr in einem irdischen Körper seid, dann kann das zuweilen etwas unverständlich sein. Ihr versteht die Beweggründe nicht, warum so etwas wie Karma, so eine Wahl von Leid tatsächlich zustandekommt. Und um das besser zu erklären, möchten wir euch noch eine Geschichte erzählen:

Angenommen, da gibt es eine Kindseele in einem weiblichen Körper. Sie hat einige Inkarnationen hinter sich gebracht und sie findet es sehr spannend auf der Erde. Bei einem ihrer Ausflüge kommt unsere Kindseele, die vielleicht im physischen Teenageralter ist, im Ort an einen Gartenzaun. Auf der anderen Seite steht ein Holzhaus. Ein Feuer ist ausgebrochen, es brennt. Und die Kindseele steht vollkommen hypnotisiert am Gartenzaun, umklammert die Pfosten und schaut gebannt auf dieses brennende Haus. Im Inneren kann sie drei Personen erkennen, drei Menschen, die ihr offensichtlich etwas zurufen, die ihr zeigen, in welche Richtung sie gehen soll, sie schreien nach Hilfe, nach Wasser, nach Personen, die diese Tür öffnen und sie herauslassen. Aber die Kindseele versteht das alles nicht! Sie weiß nicht, wo Hilfe zu holen ist. Sie weiß nicht, dass man mit Wasser Feuer löschen kann. Sie steht da und schaut gebannt zu, wie das Haus abbrennt und mit dem Haus die drei Menschen.

Nach dieser Inkarnation, wenn die Kindseele dieses Leben zu Ende gelebt hat, mit dieser eindrücklichen Erfahrung, bei der sie dagestanden und nichts getan hat außer zuzuschauen, kommt sie in den jenseitigen Bereich. Und plötzlich sieht sie sich drei feindlich gesinnten Seelen gegenüber. Ihr persönlich ist nicht bewusst, dass sie irgendetwas Negatives getan hat! Aber die drei anderen, die klagen sie an! Sie werfen ihr vor, dass sie vollkommen in sich gekehrt dagestanden und nichts unternommen hätte, wo doch jeder vernünftige Mensch weiß, was zu tun ist! Und die Kindseele bemerkt, dass die drei Personen offensichtlich immer finstere Blicke austauschen, wenn sie ihr begegnen. Sie versteht, dass sie da in etwas hineingezogen wird, was ihr unangenehm ist. Und der Inkarnationszyklus dieser

Personen geht weiter. Die Kindseele wird die unangenehme Abneigung gegenüber den drei Personen spüren und möchte ihnen gern aus dem Weg gehen. Sie hält sich fern. Sie versucht, ihnen zu entgehen, und sie möchte ihnen keinesfalls auf der physischen Ebene begegnen!

Irgendwann, einige Leben später – und möglicherweise ist sie jetzt im Entwicklungsstadium der Teenagerseele und ist in der Zwischenzeit selbstsicherer in ihrem Auftreten und hat dazu gelernt – wird sie wiedergeboren, und zwar als Frau und erwählt in diesem Leben den Beruf der Hebamme. Sie geht von Haus zu Haus, von Dorf zu Dorf und hilft den schwangeren Frauen bei ihrer Niederkunft. Sie hat ein gutes Gespür, was sie tun muss, wann sie eingreifen muss, welche Kräuter weiterhelfen. Und eines Tages trifft sie in einem entfernten Ort eine Person. Es gibt da einen Blickwechsel, und in dem Moment, als sie dieser Blickt trifft, spürt sie irgendwo in ihrem Inneren, da lauert eine Gefahr. Diese Augen, dieser Blick, die möchten ihr irgendetwas sagen. Aber sie weiß nicht, was dahintersteht. Sie fühlt nur in ihrem Inneren, dass ihr da etwas bis „ins Mark und in die Knochen“ geht. Es vergehen vielleicht einige Monate. Und plötzlich stirbt ein Kind, ohne dass sie daran Schuld hat, und die unzufriedene Mutter bringt vielleicht irgendwelche Vorwürfe in Umlauf. Sie verleumdet sie, und dann, plötzlich wird sie eines Tages von daheim weggeholt. Sie wird aus undefinierbaren Gründen verhaftet. Ihr wird ein Hexenprozess gemacht, und im ersten Moment, als sie verhaftet wird, denkt sie möglicherweise: „Das ist alles nur ein Irrtum. Es wird sich alles aufklären. In Null-Komma-Nichts bin ich wieder frei.“ Und dann sieht sie sich beim Verhör den drei Personen gegenüber, die damals in diesem Haus waren und verbrannt sind. Und sie kann in ihren kalten Augen ablesen, dass das kein Irrtum ist, dass da etwas in Gang kommt, was ungeheuerlich ist und was sie möglicherweise das Leben kosten wird. Sie windet sich, sie wird versuchen, zu beweisen, dass sie unschuldig ist. Aber diese anderen haben das Urteil längst gefällt. Sie soll auf dem Scheiterhaufen brennen, damit sie spürt, wie es sich anfühlt, im Feuer umzukommen. Und ihr Hebammenleben endet auf dem Scheiterhaufen!

Dadurch kann sich für spätere Leben ein bestimmtes Muster eingebrannt haben. Sie könnte beispielsweise Angst haben, wenn plötzlich jemand kommt, wenn sie einen Bescheid bekommt und zu einer Behörde zitiert wird. Es könnte sein, dass sie dann mit Panik reagiert, und sie weiß nicht, woher es kommt.

Wenn ihr heute beispielsweise mit anderen Menschen arbeitet, dann könnte es vorkommen, dass ihr einer solchen Angst auf den Grund geht und dass ihr dann herausfindet, dass dieser Mensch in einem früheren Leben auf dem Scheiterhaufen gelandet oder auf andere gewaltsame Weise ums Leben gekommen ist. Dann weiß die Person, woher die Angst rührt. Aber es wäre wichtig, dass ihr noch mehr ermittelt, nämlich dass sie auch das Gegenteil sieht, was sie in diese Situation hineingebracht hat, eben diese Szene, in der sie als Kindseele am Zaun steht und zuschaut, wie andere Menschen verbrennen. Dann würde sie verstehen, dass es keine Zufälle gibt, dass alle gewaltsamen Handlungen etwas sind, wofür sie sich auf Seelenebene entschieden hat, wofür sie ihre Zustimmung gegeben hat.

Und deshalb ist es auch unnötig, dass ihr Ängste mehrt und euch vorstellt, dass es da etwas gibt, was plötzlich über euch hereinbrechen könnte! Es ist so, meine Lieben, diese Karma-Spiele werden in bestimmten Seelenaltern ausgetragen, und zwar im Alter der Kind- und der Teenagerseele.

Die Reife Seele hat andere Dinge zu lernen, sie ist weitestgehend frei von irgendwelchen Gewaltaktionen. Sie ist nicht mehr in Gewalttätigkeiten und in gewaltsame Überfälle verwickelt. Das hat sie hinter sich gelassen. Das, was ihr zu schaffen macht, sind bestimmte Aussprachen, das Grenzen-setzen anderen Menschen gegenüber und die Liebe zu sich selbst. Das ist das, was die Reife Seele lernen möchte.

Meine Lieben, wir möchten euch allen Hoffnung machen! Seid liebevoll zu euch selbst. Behandelt euch so, als ob ihr der wertvollste Mensch auf diesem Planeten wäret. Und seht eure Interessen als wichtig an und schaut, dass ihr euch selbst beobachtet, dass ihr immer mehr über euch selber lernt, dass ihr liebevoll und positiv denkt und all eure Muster erkennt und langsam loslassen könnt.

Gebt dem Schöpfergott in euch eine Chance! Strahlt die Liebe, die göttliche Größe aus, und wir wünschen euch von ganzem Herzen, dass ihr diese Inkarnation dazu nutzt, um recht weitzukommen. Seid gesegnet, seid in der Liebe, das war Meister Konfuzius.

Die Erlösung der polaren Urmuster in dir

Kuthumi

Meine geliebten Schülerinnen und Schüler des Lichtes!

In eurem Inkarnationszyklus hat es eine Phase gegeben, in der ihr eure Leidenschaft und Macht missbraucht habt. Es waren intensive Leben, und die polare Energie dieses Universums bewirkt, dass ihr oft in die Selbstbestrafung geht und noch viele Leben später den gegenteiligen Part durchspielt. Das sind die sogenannten Urmuster, die in abgeschwächter Form noch heute in euch aktiv sind.

Immer wenn euch etwas an anderen Menschen enorm erregt, vielleicht eine Charaktereigenschaft, die ihr ablehnt – eine Film- oder Romanfigur, die ihr verteufelt, dann hat es etwas mit eurer eigenen Vergangenheit zu tun. Es wird euch dabei ein Verhalten gespiegelt, welches ihr in einem früheren Leben selbst ausagiert habt.

Nehmen wir ein Beispiel: Angenommen, ihr lest den Roman „Die Nebel von Avalon“ und ihr erregt euch heftig über die Königin Gwenyfar. Ihr könntet hineinspringen in das Buch oder den Film und würdet sie am liebsten schütteln. Das sind eure Empfindungen!

Es ist ein deutliches Zeichen, dass ein oder mehrere Verhaltensmuster, die euch gespiegelt werden, noch in euch aktiv sind. Ihr springt darauf an!

Wie erlöst ihr sie nun?

Nehmt euch einen Zettel oder ein Musterauflösungsbuch, falls ihr ein solches führt, und dann schreibt euch auf, wie ihr diese Gwenyfar empfindet.

scheinheilig?
manipulativ?
jämmerlich?

Das sind lediglich Angebote, die euch auf die Sprünge helfen können. Schreibt das auf, was ihr persönlich empfindet!

Wenn eure Liste vollständig ist, dann fragt euch, ob es eine Person in eurem derzeitigen Umfeld gibt, die ihr genau in diesem Lichte seht? Wer von euren Verwandten, Bekannten oder Kollegen ist scheinheilig, manipulativ und jämmerlich?

Ihr werdet mit Sicherheit eine Parallele zur Gegenwart finden.

Nun hat diese Romanfigur einen Partner: König Artus. Vielleicht empfindet ihr ihn als ganz in Ordnung – schließlich repräsentiert er das gegenteilige Verhaltensmuster und damit euch selbst! Aber wenn ihr genau hinspürt und euch ein wenig Zeit lasst, dann bemerkt ihr auch bei ihm Eigenschaften, die euch ärgern. Ihr denkt vielleicht:

Jetzt lässt er sich schon wieder einwickeln! Was für ein Waschlappen!

In bestimmten Romanen oder alten Mysterien werden sogenannte Urmuster des menschlichen Verhaltens dargestellt, die ihr alle einmal gespielt habt – zumeist mit eurer Dualseele! Sie haben sich so fest eingeprägt, dass sie heute noch in euch aktiv sind!

Der erste Schritt ist, diese aufzudecken und sie euch bewusst zu machen, und der nächste ist es, sie aufzulösen.

Wie löst ihr sie nun auf?

Habt Verständnis für die Unzulänglichkeiten der „Gwenyfar" und des „Artus"! Versetzt euch in die Situation der Figur und findet die Beweggründe, die sie zu diesem Verhalten treiben. Und dann schreibt eurer inneren Gwenyfar und eurem inneren Artus einen Liebesbrief und erlöst damit das Muster in euch! Das ist keine leidvolle Aufarbeitung, sondern eher ein Zerreißen von feinen Gespinsten. Ihr werdet danach deutlich in eurem Inneren spüren, wie Mühlsteine abgefallen sind und sich Liebe, Frieden und Verständnis ausbreiten.

(Wir werden unserem Kanal zu diesen Urmustern ein neues Seminar vermitteln.)

Selbstbeobachtung

Selbstliebe

Frage:

Lieber Konfuzius, könntest du uns bitte etwas zum Thema der Selbstliebe sagen.

Konfuzius

Meine Lieben, die Selbstliebe geschieht in dem Moment, in dem ihr euch so annehmt, wie ihr seid. Wenn ihr im Inneren aufhört, an euch herumzunörgeln und euren inneren Kritiker in die Schranken verweist! Wenn ihr aufhört, irgendwelche Rollen im Außen darzustellen. Zuweilen ist es so, und das geschieht meist aus Unsicherheit, dass ihr glaubt, ihr müsstet euch in bestimmten Situationen oder Umgebungen bedeckt halten und etwas darstellen, was ihr in eurem Inneren überhaupt nicht seid – sei das nun eine besonders perfekte Person, oder sei es jemand, der sich vollkommen abschottet gegen alle anderen Menschen.

Das alles hat mit Angst und Unsicherheit zu tun! Wenn ihr lernen möchtet, euch selbst zu akzeptieren, zu lieben, dann akzeptiert euch erst einmal so, wie ihr gegenwärtig seid in diesem Moment! Mit all euren kleinen Eigenarten, mit all euren kleinen Fehlern und körperlichen Unzulänglichkeiten, die ihr bisweilen aufblast, als wären sie Heißluftballons.

Meine Lieben, wie wäre es, wenn ihr übt, euch selbst zuzulächeln vor dem Spiegel, indem ihr euch in die Augen schaut und eurem Spiegelbild zu verstehen gebt: „Du bist der wichtigste Mensch in meinem Leben! Ich liebe dich ganz so, wie du bist, und ich verlasse mich darauf, dass wir immer mehr als die Person agieren, die wir in unserem göttlichen Potenzial sind!"

Meine Lieben, es ist wichtig, dass ihr freundlich zu euch selbst sprecht, dass ihr euch selbst Mut macht und eure Zweifel zerstreut und immer wahrhaftiger und natürlicher ihr selbst seid. Habt keine Angst, dass die anderen euch ablehnen! Im Gegenteil! Sie werden euch annehmen! Sie werden euch mit Bewunderung überschütten! Glaubt es!

Kuthumi

Meine Lieben, wenn ihr euch selbst beobachtet und eure innere Kommunikation wahrnehmt – bewusst wahrnehmt –, dann ist es manchmal erschreckend zu sehen, wie rücksichtslos und abwertend ihr gegen euch selbst seid. Keinem anderen Menschen würdet ihr wagen, derart herzlos entgegenzutreten, wie ihr es mit euch tut.

Und es ist wichtig bei der Selbstbeobachtung, dass ihr wahrnehmt, was da in euch abläuft, und dort ist auch der Hebel, wie ihr eure Selbstliebe steigern könnt. Wir sagen euch oft, oder ihr habt es bereits gelesen, dass ihr euch selbst lieben und wertschätzen sollt, und wir möchten euch gerne an einem praktischen Beispiel erklären, wie dies ablaufen könnte:

Angenommen, ihr habt euch um eine Stelle beworben. Es ist ein Traumjob, den ihr gerne hättet, und ihr malt euch aus, wie toll es wäre, wenn ihr dort wäret, und dann passiert das Unfassbare: Ihr bekommt eine Absage.

Nun, dann beobachtet euch selbst, wie ihr damit umgeht. Ihr könntet euch dabei ertappen, dass ihr euch heruntermacht, dass ihr sagt: „Nun, ich habe es doch von Anfang an gewusst, dass die mich nicht nehmen! Es wäre ja auch das erste Mal, dass ich Glück habe! Es ist offensichtlich: Ich bin zu blöd für so einen Job, und ich kann nichts und ich bin nichts wert und warum sollten die auch so jemanden wie mich nehmen?" Ihr seid dann gnadenlos zu euch selbst und sagt euch lauter unfreundliche Dinge.

Nun, meine Lieben, das ist ein Beispiel, wie man sich nicht liebt. Selbstliebe wäre es, wenn ihr euch hinsetzt, wenn ihr die Augen schließt, wenn ihr zu eurem inneren Kind geht, zu eurem Emotionalkörper, und wenn ihr diesem erklärt: „Ich weiß, du bist sehr enttäuscht worden, und es tut mir unermesslich leid, dass es nicht geklappt hat mit dieser Stellung, aber es ist nicht deine Schuld. Du bist vollkommen in Ordnung, und irgendwann einmal werden wir etwas bekommen, was genau so ist, wie wir es uns immer ausgemalt haben. Sei zuversichtlich, du bist mir wichtig, du bist mir wertvoll."

Und dann wäre es schön, wenn ihr euch zusätzlich irgendetwas Gutes gönnt. Vielleicht möchtet ihr in ein Thermalbad gehen, vielleicht möchtet ihr baden, euch selbst beschützen und einhüllen in ein Gefühl des Friedens und der Harmonie. Das wäre Selbstliebe, praktizierte Selbstliebe. Und das andere ist praktizierter Selbsthass.

Nun, meine Lieben, es liegt in eurer Hand oder besser in eurem Kopf, wie ihr mit euch selbst umgeht, und wir möchten euch gerne unterstützen, dass ihr in eurer Meisterschaft immer mehr vorankommt!

Fragen zum Thema

Frage:

Warum überschreiten Menschen, die ich gerne habe, so oft meine Grenzen und verletzen mich?

Konfuzius

Es gibt in dir ein sehr starkes Bedürfnis nach Harmonie! Du versuchst, mit allen gut auszukommen, und bemühst dich, stets freundlich und nett zu sein. Dabei ergibt es sich zuweilen, dass du deine Grenzen, die du in gesundem Maße haben solltest, zurücknimmst. Die innere Begründung lautet dann: „Ich werde doch nicht so kleinlich sein!" oder „Über diese Angelegenheit werde ich mich jetzt nicht ereifern!"

In dir gibt es eine Überzeugung, die besagt, dass du um des lieben Friedens willen bereit bist, deine eigenen Bedürfnisse und Grenzen zurückzunehmen!

Das Ganze läuft dann so ab, dass du lieber deine eigenen Grenzen zurücknimmst, sodass andere Personen „Territorium gewinnen", welches eigentlich dir zustehen würde, wenn du bereit wärst, es einzufordern! Du lebst also nicht selber, sondern wirst durch die Forderungen der Anderen gelebt!

Wenn du deine eigenen Grenzen achten und auch verbal zum Ausdruck bringen würdest, dann wären deine Mitmenschen in der Lage, zu sehen, wie weit sie bei dir gehen können!

Das ist ein Lernschritt! Entscheide für dich persönlich, in welchen Situationen du „Nein" sagen möchtest und wo es gilt, anderen Personen klarzumachen: „Bis hierher, und keinen Schritt weiter!"

Denke darüber nach, welche Menschen es in deinem Leben gibt, von denen du weißt, dass sie geneigt sind, deine Grenzen zu übertreten. Und dann überlege dir in jedem Fall, welche Entscheidung sich für dich richtig und gut anfühlen würde. Vielleicht steht da die eine oder andere Aussprache an! Du bist es deiner Seele schuldig, für dich zu sorgen!

Die Auswirkungen der Schwingungserhöhung auf das innere Opfer- und Kämpferspiel

Kuthumi

Wir möchten nun zu euch sprechen über den Aufstieg eurer Realitätsebene, auf der ihr euch gegenwärtig befindet: Eure Erde – da, wo ihr jetzt mit eurem physischen Körper beheimatet seid – sozusagen mit den Füßen auf dem Boden steht. Dieser Teil hat sich herausgehoben aus dem Kreis der Dreidimensionalität. Seit dem Jahre 1987 befindet sich euer Planet in einer dauernden Schwingungserhöhung. Eure Erde wird zurzeit durch immer höhere Schwingungen, die sich auf ihr etablieren, getragen. Damit geht ein intensiver Veränderungsprozess einher: Durch die Schwingungserhöhung macht das menschliche Bewusstsein Sprünge. Die Zeit vergeht anscheinend immer schneller, obwohl eure Uhren weiterhin 24 Stunden über den Tag anzeigen. Eure Zeitwahrnehmung hat sich gegenüber früher enorm beschleunigt. Manchmal habt ihr das Gefühl, das bestimmte Erledigungen mehr Zeit in Anspruch nehmen. Ihr wundert euch, wie schnell ein Vormittag verrauscht, ein Tag, die Woche, das Jahr.

Wir möchten euch vor allem ans Herz legen, dass ihr euch von dieser Schwingungserhöhung nicht durchs Leben hetzen lasst! Verschafft euch selbst Phasen der Ruhe und Entspannung! Setzt Prioritäten, was wirklich wichtig ist in eurem Leben! Und denkt immer wieder an euch und euer Wohlbefinden! Lernt es, euch selbst in innere Balance und Ausgeglichenheit zu bringen!

Diese Schwingungserhöhung ist im eigentlichen Sinne neutral. So wie die Sonne alles bescheint und niemanden auslässt, so wird auch die Schwingungserhöhung von jedermann aufgenommen. Und diese erhöhte Schwingung bringt das ans Licht, was ihr in der dritten Dimension noch sehr gut vor euch selbst verstecken konntet:

Eure Überzeugungen und Gedanken!

Und da ihr aus der Polarität kommt, gehen diese Gedanken in zwei Richtungen: Ihr seid entweder Kämpfer oder Opfer! Der Kämpfer hetzt durchs Leben und erfüllt eine Vielzahl an „wichtigen Pflichten“, wobei ihm die meisten nicht wirklich am Herzen liegen. Sollte er diese Schwingungserhöhung nicht meistern, dann könnte auf seinem Grabstein stehen: „Er hetzte sich zu Tode!“

Das Opfer badet im Selbstmitleid. Seine Gedanken singen ein Lied der Schwäche, der eigenen Unzulänglichkeit und tragischen Ereignisse. Sollte es diese Schwingungserhöhung nicht meistern, dann könnte auf seinem Grabstein stehen:

„Er ertrank im Leid!“

Auf die eine oder andere Weise werdet ihr in unterschiedlicher Intensität mit diesen inneren Energien in Berührung kommen.

Diese Schwingungserhöhung will euch nichts Böses! Sie möchte, dass ihr erwacht und euch eurer eigenen Gedanken bewusst werdet! Schaut euch an, was diese Überzeugungen aus eurem Leben machen! Ist wirklich hilfreich, auf was ihr euch fokussiert?

Menschen mit einer kämpferischen Prägung sollten lernen, innezuhalten und sich selbst zu beobachten. Stellt euch die Frage: Wem dient das? Sind mir meine Erledigungen eine Herzensangelegenheit? Oder gäbe es irgendetwas, was ich liebend gerne loslassen möchte?

Personen mit einer Opferprägung sollten ebenfalls lernen, innezuhalten und ihren eigenen inneren Dialog zu beobachten. Stellt euch die Frage: Dienen meine inneren Betrachtungen meinem eigenen Vorwärtskommen oder suhle ich mich im Leid?

Gibt es Situationen, wo ich lernen sollte, Grenzen zu setzen? Was kann ich beitragen, um dieses Gedankenkarussell zu stoppen?

Es ist also außerordentlich wichtig, dass sich eure Bewusstheit erhöht! Hebt euren Kopf aus dem Sand und beobachtet eure Gedanken und Überzeugungen! Und wenn ihr dabei Gedankengänge entdeckt, die nicht eurem größten Wohl dienen, dann lernt gegenzusteuern! Stoppt die unbewusste Automatik!

Dieser Prozess ist ein Akt des Willens und erfordert stetige Arbeit an euch selbst! Das ist der Preis der Meisterschaft!

Der einzige Mensch, der die Macht besitzt, eure Gedanken zu verändern, seid ihr selbst! Es wird niemand kommen und in eurem Kopf aufräumen! Ihr tragt die Verantwortung für die Wahl eurer Gedanken! Und wir können euch versichern, es wird niemand über die Schwelle getragen!

Wahrhaftigkeit, Ehrlichkeit und natürliche Autorität

Konfuzius

Es ist auch sehr wichtig, dass ihr in jeder Lebenslage immer wahrhaftiger, ehrlicher und natürlicher ihr selbst werdet!

Meine Lieben, wir wissen, ihr liebt Beispiele. Stellt euch doch einmal vor:

Ihr seid eingeladen auf eine Vernissage. Da sind verschiedene Künstler, die ihre Werke ausgestellt haben. Es sind sehr schöne, lichtvolle Bilder dabei, die einen bestimmten Preis haben. Und dann sind irgendwo in diesem Saal von einem anderem Künstler Bleistiftzeichnungen auf kariertem Papier ausgestellt. Angenommen, dieser Künstler hat auf diesem kariertes Blatt, welches vielleicht noch gelocht ist, einige kunterbunte Striche mit Bleistift gemalt; hat das Ganze eingefasst mit einem Passepartout, in einem kostbaren Rahmen gestellt, und als Preis steht dran: 3000 Euro.

Nun, meine Lieben, überlegt einmal, wie ihr euch verhaltet?

Ihr seht dieses Bild, und dann gibt es verschiedene Möglichkeiten:

Da ist eine gesellschaftliche Prägung, die euch vorschreibt, dass ihr euch angepasst und verbogen verhalten solltet! Angepasst und verbogen bedeutet in diesem Zusammenhang: dass ihr mit Kennerblick stehenbleibt, diese Zeichnung betrachtet, und mit eurem Nachbarn darüber zu diskutieren anfangt, was wohl der Künstler damit ausdrücken mochte? Welchen tieferen Sinn dieses Bleistiftgekritzel wohl hat?

Und ihr könntet auch noch berichten, welch ähnlich wertvolle Zeichnungen ihr auf anderen Vernissagen gesehen habt und welche vergleichbare Kostbarkeiten sich in eurer Privatsammlung befinden.

Nun, meine Lieben, so verhalten sich unsichere Menschen, die keine eigene Meinung haben!

Wie verhaltet ihr euch in einer derartigen Situation? Geht ihr weg, schüttelt ihr den Kopf, oder zieht ihr lautstark eure eigenen Schlüsse? Sagt ihr, was euch auf der Zunge liegt, oder nehmt ihr euch zurück? Oder verhaltet ihr euch gesellschaftlich angepasst und bestaunt so viel Kunst, die ihr vielleicht nur nicht so ganz versteht?

Solche Situationen, auch vollkommen anders verpackt, kommen immer wieder im Leben auf euch zu. Auch auf euren Arbeitsstellen wird manchmal von euch eine bestimmte Haltung erwartet. Verbiegt ihr euch und erfüllt diese Erwartungen, oder dürft ihr eure Meinung äußern?

Es geht in den Meisterjahren darum, dass ihr ehrlich zu eurer eigenen Meinung steht, dass ihr lernt, liebevoll zu euch selbst zu sein, dass ihr aufhört, Pflichten zu erfüllen, die ihr schon längst als falsch erkannt habt.

Antreiber, Kritiker und Verteidiger

Die Auswirkungen der Schwingungserhöhung auf das menschliche Bewusstsein

Konfuzius

Meine Lieben, jeder von euch befindet sich in einem intensiven Entwicklungsprozess und ist aufgerufen, seine eigenen Gedanken zu beobachten. Euch anzuschauen, was ihr gerade in eurem Inneren veranstaltet, die damit verbundenen Gefühle wahrzunehmen und auch den Schritt heraus aus diesen immer wiederkehrenden Jammerplatten oder Verteidigungsdialogen. Dass ihr diesen Schritt geht, dass ihr lernt, euer inneres Gleichgewicht herzustellen und zu halten; in euch selbst Frieden, Selbstliebe, Achtung vor eurer eigenen Persönlichkeit und auch vor anderen Menschen zu entfalten.

Meine Lieben, diese Veränderungen, die jetzt mit diesem Aufstieg der Erde einhergehen, verlangen von jedem von euch, dass er erst einmal sich selbst immer besser kennenlernt, dass er spürt, wie seine Gedanken Auswirkungen haben auf seine inneren Zustände, dass er sich selbst beobachtet im Umgang mit anderen Menschen. Manch einer träumt davon, dass er möglichst über Nacht erleuchtet ist, dass es da irgendeine Übung gibt, die ihm alle weiteren Arbeiten erspart. Aber das ist nicht der Fall. Denn Entwicklung, Bewusstseinsarbeit, ist ewig!

Es ist wichtig, dass ihr lernt, euch selbst in einen liebevollen, friedvollen Zustand zu versetzen, aber ihr werdet diesen Zustand nicht einfrieren können und für die Ewigkeit konservieren. Da kommt irgendwann wieder ein neuer Entwicklungsschritt, ein neuer

Konflikt im Außen, und dann seid ihr aufgefordert, zu schauen, was euch diese Situation sagen möchte? Ob es da vielleicht irgendein Verhaltensmuster gibt, wobei ihr euch selbst verleugnet und euch zurücknehmt und anpasst. Es gilt, das zu erkennen und dann zu überlegen, wie ihr das nächste Mal in dieser Situation angemessener und wahrhaftiger reagieren könntet!

Ihr alle habt so etwas, wie eine innere Stimme, einen inneren Ratgeber.

Nehmen wir eine Situation: Angenommen, da gibt es auf eurer Arbeitsstelle eine Person, die euch etwas vorwirft, die euch herunterputzt, wie ihr euch auszudrücken pflegt. Ihr steht da wie ein begossener Pudel und wisst nicht so recht, was das alles mit euch zu tun hat. Ihr nehmt die Kritik erst einmal voll und ganz an, geratet aus eurem inneren Gleichgewicht, und dann, wenn die Person weg ist, dann kommen euch im Inneren lauter schlaue Ideen, Vorschläge, was ihr hättet fragen können oder was ihr hättet sagen können. Wenn ihr das kennt, dann handelt es sich um euren inneren Ratgeber. Das ist eine Stimme, die jedem Einzelnen von euch vertraut ist und die euch trainieren möchte, dass ihr das nächste Mal in dieser Situation anders reagieren könnt.

Meine Lieben, jeder von euch kennt das, und ihr seid aufgefordert, in diesen Meisterjahren immer authentischer, immer wahrhaftiger, immer ehrlicher zu werden!

Einige von euch freuen sich sehr auf die Veränderungen, die für 2012 vorausgesagt worden sind. Die Veränderungen eurer Gesellschaft, die Gleichberechtigung, dass es nicht mehr notwendig sein wird, durch Arbeit den Lebensunterhalt zu verdienen, und dass die Mittel einfach gerechter verteilt sein werden.

Ihr befindet euch jetzt in der Vorlaufphase dahin. Aber oftmals betrachtet ihr mit Besorgnis die äußeren Ereignisse. Da gibt es z.B. Streiks und auf der anderen Seite einen unheimlichen Druck, der ausgeübt wird von Arbeitgebern. Ihr werdet dadurch mit euren eigenen Ängsten konfrontiert in allen erdenklichen Situationen. Manchmal habt ihr Existenzängste, und ihr wisst nicht so genau, wo das hinführen wird.

Wenn ihr mit eurer Lebenssituation unzufrieden seid, wenn es da Momente der Frustration gibt, wenn es den Anschein hat, dass euer Leben eine Verkettung von unglücklich gewählten Pflichten ist, dann ist es notwendig, dass da Veränderungen kommen! Setzt euch für eure eigenen Bedürfnisse und Belange ein! Es ist wichtig, dass ihr lernt, mit eurem eigenen Bewusstsein immer wieder in den Frieden, in die Liebe zurückzukehren. Dass ihr lernt, euch zu entspannen, und die Ereignisse, die außen geschehen, nicht mit Angst und Abwehr zu betrachten.

Kuthumi

Das goldene Licht der Weisheit sei mit euch. Das ist Meister Kuthumi.

Nun, meine Lieben, wir möchten euch beglückwünschen zu euren inneren Entwicklungsschritten. Wir wissen aus eigener Erfahrung, dass diese Meisterjahre sehr herausfordernd sein können, dass es da Phasen gibt, durch die ihr euch hindurchbewegt, die manchmal recht unangenehm sind, aber wir möchten euch Mut machen, auch wenn ihr zuweilen glaubt, diese Meisterschaft sei eine einzige gigantische Zumutung.

Nun, meine Lieben, es ist zu schaffen, und ihr seid alle auf dem richtigen Weg. Beobachtet euch selbst, tretet neben euch und schaut euch zu, was euer Verstand da gerade im Inneren veranstaltet, was ihr da gerade mit euch selbst treibt. Ihr habt schon von verschiedenen inneren Stimmen gehört. Da gibt es beispielsweise den Antreiber, den Kritiker und den Verteidiger. Alle diese inneren Stimmen könnten angstgeprägt sein.

Die größte Angst des Antreibers heißt, dass ihr zu spät kommt und auf spirituellem Gebiet hinterherhinkt und es diesmal wieder versiebt. Das ist die Angst eures Antreibers.

Der Kritiker könnte ebenfalls angstbehaftet sein und diese Energie, wenn sie in der Angst ist, vermittelt euch: „Du kannst tun, was du willst, du bist nicht gut genug, nicht würdig.“ Und damit seid ihr von vornherein ausgeschlossen.

Und dann gibt es noch die Stimme eures Verteidigers. Wenn diese Stimme angstgeprägt ist, dann wird sie euch vorgaukeln: „Du bist in einer Welt, die voller Feinde und voller Bedrohung ist."

Meine Lieben, und da seid ihr nun aufgefordert, euch selbst zu beobachten im Alltag. In eurem Inneren seid ihr immer am Reden, am Gedanken hin und herwälzen. Achtet darauf, dass ihr euch dieser Gedanken bewusst werdet und sie diszipliniert.

Meine Lieben, es ist einfacher, wenn ihr liebevoll zu euch seid, wenn ihr eure Göttlichkeit strahlen lasst! Wenn ihr voller Freude, voller Natürlichkeit, ohne euch selbst zu verbiegen durch irgendwelche Dogmen oder durch andere, durchs Leben tanzt.

Die drei „Erzfeinde" in eurem Kopf

Frage:

Könntet ihr diese inneren Stimmen: den Antreiber, den Kritiker und den Verteidiger etwas deutlicher beschreiben?

Kuthumi

Meine Lieben, ihr seid ständig in eurem Inneren am Reden, wenn auch nur in Gedanken, und die drei Superfeinde in eurem Kopf heißen: Antreiber, Kritiker und Verteidiger. Sie erschaffen Krankheit, schlaflose Nächte, Leid, Trauer, vorzeitiges Altern und sogar ein rascheres Ableben. Ihr solltet sie genau unter die Lupe nehmen!

Verteidiger

Deinen Verteidiger benutzt du bei der verbalen Kommunikation mit anderen Menschen. Er hat die Aufgabe, deine Wünsche zu äußern, Absprachen mit anderen Menschen zu treffen, „Nein" zu sagen und anderen Grenzen zu setzen, wenn sie dir etwas überstülpen möchten.

Ist dein Verteidiger „verletzt“, und das geschieht, wenn dir in der Kindheit der Mund verboten wurde und du deine Meinung nicht äußern durftest oder dir anerzogen wurde, dass es dir nicht zusteht, Wünsche zu haben und diese auch noch zu verbalisieren! In diesem Falle ist diese innere Stimme gehemmt und vermag es nicht, sich natürlich zu äußern oder gar Wünsche anzumelden.

Ein verletzter Verteidiger geht in Angriffsstellung, sobald er spürt: Da lauert ein „Feind“! Ein Feind könnte eine Person sein, die dir schon einmal etwas Unangenehmes gesagt hat, die du als aufbrausend und herrisch erlebt hast. Vielleicht ein Kollege, der dich ungerechtfertigt kritisiert oder dir zu verstehen gibt, dass du ein bedauerlicher Tölpel und damit ein vollkommener Fehlgriff für die Firma bist!

Ein gesunder Verteidiger würde in diesem Fall Fragen stellen, Grenzen setzen und seinem Gegenüber Einhalt gebieten! Ein verletzter Verteidiger schluckt den Ärger hinunter mit der Begründung, dass du auf dieses Niveau niemals herabsinken möchtest und solchen unverschämten Leuten auch keine Antwort schuldig bist. Die Folge davon ist, dass du diese Szene – diese Kommunikation – in deinem Inneren wie eine hängengebliebene Schallplatte wiederholst. Du bist dann längst schon daheim in deiner Wohnung, rennst aufgeregt durch die Zimmer und beschimpfst in deinem Kopf diesen „Feind“. Ein mundtoter Verteidiger ergeht sich in inneren verbalen Schlachten, er schlägt sich in Scheingefechten mit nicht anwesenden Gegnern. Ein weiser Verteidiger versteht es, wenn nötig, anderen Grenzen zu setzen! Er tut es in Ruhe – ohne emotionale Entgleisung.

Wenn dir also die eben beschriebene Szene bekannt vorkommt, dann ist dein Verteidiger verletzt und darf im Erwachsenenalter lernen, Grenzen zu setzen und Wünsche zu äußern!

Kritiker

Der Kritiker beurteilt dein Handeln. Er bewertet dein Äußeres, dein Auftreten und wie du etwas gemacht hast. Seine positive Absicht ist es, deine Fähigkeiten immer mehr zu trainieren und zu verbessern, sodass du reinen Gewissens sein kannst. Ist der Kritiker „verletzt", wird er alles, was du tust, bemängeln. Der Kritiker ist dann verletzt, wenn er in der Kindheit die Rückmeldung erhalten hat: „Du bist nichts! Du taugst nichts! Aus dir wird nichts!" In diesem Fall wird er sich zu Höchstleistungen aufschwingen und von morgens bis abends an dir herummeckern und damit dein Selbstbewusstsein zerstören.

Beispiel: „Wie du bloß heute wieder aussiehst, und mit dieser Frisur willst du auch noch auf die Straße gehen? Am besten du tust es gar nicht erst, dann sparst du dir eine Blamage!" „Jetzt bildest du dir auch noch ein, du könntest heilen – Größenwahnsinn nennt man so etwas!" „Was mache ich nur auf diesem Planeten? Alle anderen sind hochtalentiert – nur ich bin zu nichts zu gebrauchen!"

Mit derartigen inneren Dialogen zerstörst du dein Selbstbewusstsein. Die Folge davon ist, du wirst unsicher, beginnst dich zu verstecken, die Lebensfreude schwindet und du erschaffst in dir Trauer und Leid, fühlst dich niedergeschlagen und vom Schicksal verfolgt.

Ein gesunder Kritiker gibt dir Hinweise, wie du dein Können verfeinern kannst. Seine Hinweise sind hilfreich und konstruktiv! Er könnte dir beispielsweise sagen: Bei diesem Klavierstück musst du an der Stelle anders betonen. Schau noch mal in die Noten, da stimmt etwas nicht! Er gibt Rückmeldung über die Sache und kritisiert nicht dich als Person!

Antreiber

Der Antreiber sagt dir, was du als Nächstes zu tun hast. Seine Aufgabe ist es, deinen Terminkalender im Auge zu behalten. Er möchte verhindern, dass du Vereinbarungen und wichtige Termine verpasst. Er verfolgt deine Ziele, erstellt Erledigungslisten und organisiert deine Planung.

Ein verletzter Antreiber entsteht, wenn du in der Kindheit sehr viel Druck bekommen hast, wenn deine Leistungen bemängelt wurden und du immer zu wenig getan hast. Dann wird er dich mit Aufgaben bombardieren und dir keine ruhige Minute gönnen. Er vermittelt dir ein schlechtes Gewissen, sowie du dich hinsetzt. Er erzeugt in dir Druck und Hektik.

Beispiel: Du wirst morgens wach und während du dich noch im Bett streckst, vermeldet dein Antreiber: „Heute ist Donnerstag. Um 8 Uhr ist eine Besprechung, auf die du nicht ausreichend vorbereitet bist. Du hast vergessen, dir Informationen zu beschaffen. Außerdem hast du den Abschlussbericht noch nicht fertig und drei wichtige Kunden telefonisch nicht erreicht. Du hast außerdem ein Gespräch mit deinem Vorgesetzten, der dir wahrscheinlich sagen wird, dass du deine Aufgaben zu langsam erledigst!"

Bevor du auch nur einen Fuß aus dem Bett gesetzt hast, bist du von der Lawine, die da auf dich zurollt, vollkommen niedergedrückt. Im Badezimmer wird dir bereits übel und dein Herz schlägt unregelmäßig. Du überlegst, ob du vielleicht die Herzschwäche deines Vaters geerbt hast und ob dir ein Herzschrittmacher helfen könnte?

Du erledigst alle Arbeiten unter einem unheimlichen inneren Druck, bist ständig erschöpft und dein Körper kann sich nur dann erholen, wenn er dich mit einer Krankheit außer Gefecht setzt!

Meine Lieben, wir fragen uns: Sind derartige Dialoge und Handlungen eines Schöpfergottes würdig?

Kuthumi

Meine Lieben, ihr habt euch mit euren inneren Stimmen beschäftigt, und bei vielen Menschen ist es so, dass diese inneren Stimmen vollautomatisch laufen, wie eine Schallplatte. Sie haben sich schon so daran gewöhnt, immer wieder dieselben Platten zu spielen. Und diese Angewohnheit ist in den Jahren der Meisterschaft nicht sinnvoll! Ihr seid aufgerufen, euch selbst zu beobachten und wahrzunehmen, was ihr in eurem Inneren gedanklich an Dialogen oder innerer

Kommunikation laufen lasst, und dann auch gegenzusteuern, wenn ihr spürt, das Ganze ist nicht sehr konstruktiv und dient eher dazu, euch abzuwerten.

Meine Lieben, beobachtet eure inneren Stimmen und steuert gegen! Damit kommt ihr sehr gut in euer inneres Gleichgewicht, erschafft in euch Frieden und eine neue Art der Freiheit. Ihr werdet durch die Schwingungserhöhung mehr und mehr konfrontiert mit eurer eigenen Schöpfermacht. Dabei setzen sich auch die Dinge, die ihr gedanklich in euch ablaufen lasst, immer klarer in eurem Leben um.

Ihr kennt alle Menschen, die bestimmte Hauptthemen haben, über die sie sich gerne auslassen. Das könnte z.B. das andere Geschlecht sein, das könnten z. B. Krankheiten sein und dergleichen mehr, und dieses Thema wird dann aufgrund der Schwingungserhöhung in ihnen turbomäßig aufgekocht, und sie spüren mit sofortiger Wirkung die Macht ihrer Gedanken, indem sich entsprechende Gefühle einstellen und indem sich auch entsprechende körperliche Symptome oder auch Auseinandersetzungen mit anderen einstellen. All das zeigt euch eure Schöpfermacht auf!

Meine Lieben, deshalb ist es in diesen Meisterjahren so wichtig, dass ihr euch bewusst werdet, was ihr innerlich denkt, welche Dialoge ihr pflegt und ob diese aufbauend oder abwertend sind. Beobachtet euch selbst, schafft in euren inneren Stimmen Frieden, so, dass ihr in Geborgenheit, in Ruhe, in Frieden leben könnt.

Denn sonst machen euch diese inneren Stimmen das Leben schwer und drücken euch nieder. Schaut, was da in euch abgeht. Übernehmt die Verantwortung!

Es ist manchmal mit etwas Überwindung verbunden, weil ihr von einem Thema schon so viele innere Schallplatten produziert habt, dass ihr dann wirklich sehr aufpassen müsst, wenn ihr gedanklich beginnt gegenzusteuern, aber es bringt euch Befreiung, Frieden und ein stetiges Vorwärtskommen.

Das Wissen um die inneren Stimmen ist ein wertvolles Werkzeug für den positiven Einsatz eurer Schöpfermacht! Benutzt es!

Frage:

Ich kenne die Stimme meines Antreibers sehr gut, und ich habe auch schon versucht gegenzusteuern, indem ich mir innerlich sage: „Ruhe jetzt!" Aber es hält nicht sehr lange vor. Nach kurzer Zeit fängt er wieder an mit seiner Litanei! Wie kann ich wirksam gegensteuern?

Kuthumi

Indem du mit deinem Antreiber redest! Erkläre ihm, dass du in einem ausgeglichenen, ruhigen Zustand sehr viel zielstrebiger deine Erledigungen bewältigst kannst! Erlaube ihm, eine Liste mit allen offenen Arbeiten zu erstellen, und dann gehe gemeinsam mit ihm die Liste durch. Markiere nur die Punkte, die wirklich heute zu erledigen sind. Und sorge dafür, dass du an jedem Tag auch über freie Zeit verfügst – über Mußestunden, in denen du in der Sonne sitzt, liest oder tust, was immer du möchtest. Er wird in den ersten Tagen meckern, und da solltest du ihn stoppen und geduldig erklären: „Wir gestalten jetzt unser Leben um! Hektik ist nicht mehr angesagt! Bis 18 Uhr ist jetzt Lesezeit! Und danach machen wir eine von deinen Erledigungen! Und zwar in Ruhe!"

Dieses Umprogrammieren solltest du für ungefähr sechs Wochen durchhalten! Sprich geduldig mit ihm, wie ein liebevoller Elternteil! Wir versichern dir, wenn du diese Zeit durchhältst, werden Hektik und Stress schon bald Fremdwörter für dich sein!

Die Verantwortung für andere loslassen

Kuthumi

Ihr neigt dazu, für andere Personen die Verantwortung zu übernehmen, ihr lasst euch deren Pflichten aufhalsen, erledigt murrend Arbeiten, die sie eigentlich tun sollten. Und das Ganze tut ihr, weil sie euch nahestehen, mit euch verwandt oder verheiratet sind oder weil es sich um eure erwachsenen Kinder oder um Geschäftspartner handelt.

Zuweilen spürt ihr sehr deutlich, dass da eine Aussprache und Neuordnung der Verpflichtungen anstünde. Aber um genau diese Aussprache drückt ihr euch!

Ihr geht innerlich schwanger damit, was ihr alles sagen müsstet, während ihr weiter die Verantwortung für sie übernehmt. Eure unentschlossenen Kinder liegen euch auf der Tasche. Eure faulen Ehepartner lassen sich bedienen, und eure Geschäftspartner ruhen sich auf euren Knochen aus und fragen euch anschließend: „Hast du das immer noch nicht gemacht?“

Dann läuft für gewöhnlich euer Verteidiger zur Hochform auf. Ihr führt in eurem Kopf hochkarätige Reden und sagt „diesen Leuten“ ordentlich die Meinung!

Wenn ihr ihnen dann von Angesicht zu Angesicht gegenübersteht, fällt euer Mund wieder zu oder ihr bekommt eine Piepsstimme, die vom Gegenüber nicht ernstgenommen wird. Manchmal ist es sogar so, dass ihr euch in eurer inneren Kommunikation einredet, dass diese „faulen Deals“ euer Karma seien, oder ihr hebt sie ins Licht, lobt euch dafür, wie verantwortungsbewusst und hilfsbereit ihr seid.

Vielleicht sichert ihr euch mit eurem selbstlosen Dienen einen Platz im Himmel?

Nun, meine Lieben, diesen Platz habt ihr sowieso! Den kann euch niemand streitig machen, denn hier ist eure Heimat!

Was nun eure Aussprachen angeht und eure Neigung, anderen Verantwortung abzunehmen, da seid ihr aufgefordert, hinzufühlen und die inneren „Verteidigungsreden“ bewusst wahrzunehmen. Sucht nach einer konstruktiven Lösung! Fragt euch, was ihr klären möchtet und welche Verantwortlichkeiten neu geregelt werden müssten?

Übt dieses Gespräch mit einem guten Freund oder einer guten Freundin. Und dann schüttelt eure Feigheit ab und stellt euch der Aussprache!

Danach könnt ihr euch selbst mit einer anderen Achtung begegnen, und auch eurem Gegenüber tut ihr einen Gefallen, indem ihr aufhört, das Leben für ihn zu regeln.

Manchmal muss es erst wehtun, damit eine Veränderung fruchten kann!

Seid gesegnet und nehmt eure Göttlichkeit an! Das war Meister Kuthumi.

Allgemeine Fragen

Frage:

Wir haben im Seminar über die göttliche Quelle gesprochen und auch übers Duale Universum. Hat die Quelle auch die Möglichkeit, sich eine andere Art Universum zu erschaffen, welches nicht dual ist, sondern noch ganz anders beschaffen?

Konfuzius

Ja, natürlich, und diese gibt es auch. Es gibt zum Beispiel Universen, wo androgyne Wesen zu Hause sind. Darüber habt ihr ebenfalls im Seminar gesprochen.

Es gibt außerdem noch andere Möglichkeiten, die wir aber aufgrund eurer irdischen Vorstellungskraft nicht einfließen lassen können. Es gibt noch andere Möglichkeiten als das Androgyne und das Duale Universum. Nur können wir die nicht beschreiben, weil euer Wortschatz und eure Ausrichtung darüber keine adäquate Beschreibung zulassen.

Frage:

Ich möchte fragen, was mit der Materie passiert, wenn keine Seele mehr Interesse hat, in der dualen Welt zu inkarnieren?

Konfuzius

Eine sehr interessante Frage! Nun, es ist so, der Spielrahmen dieses Dualen Universums, bei dem ihr Erfahrungen in der Materie machen könnt, wird aufrechterhalten durch die Seelen, die Interesse haben, hier zu inkarnieren. Sollte irgendwann einmal der Zeitpunkt kommen, da niemand mehr Interesse hat, sich in diesem Dualen Universum aufzuhalten, dann wird es sich ganz einfach auflösen wie eine Wolke am Himmel, die sich zerstreut. Das ist eine Wahrscheinlichkeit.

Aber momentan ist es so, dass es immer noch einen regen Zulauf gibt. Und einige von euch waren schon zwei- oder dreimal hier, um einen Inkarnationszyklus hinter sich zu bringen. Zwischendurch kehrt ihr in die Quelle zurück, um dann wieder hinauszugehen und neue Erfahrungen zu sammeln.

Frage:

Ich habe durch die Anthroposophie viel Gutes erfahren und habe auch eine Verbindung zu Rudolph Steiner. Manches, was ich jetzt weiß durch die Bücher, die ich in den letzten Monaten gelesen und auch hier im Kurs erfahren habe, deckt sich längst nicht mehr mit seinen Aussagen. Doch kenne ich niemanden, der so tief und umfassend alle Lebensbereiche befruchten konnte!

Woher bezog Rudolph Steiner sein Wissen, und wie kann ich damit umgehen? Ich fühle mich eigentlich jetzt freier und auch mehr auf die Herzensebene geholt.

Kuthumi

Meine Liebe, wir möchten Folgendes dazu sagen:

Die Seele, die als Rudolph Steiner hier auf der Erde inkarniert war, war eine sehr weitentwickelte Seele, das zeigt sich an den weit gefächerten Interessensgebieten, die er abdeckte. Er war ein Visionär, der es dennoch verstand, seine Visionen Realität werden zu lassen. Er wollte seinen Zeitgenossen unter anderem Wissen darüber bringen, wie die nicht sichtbaren Bereiche beschaffen sind und welchen Einfluss die mentale und emotionale Ebene auf die seelische Entwicklung haben. Die Gründung eines praxisbezogenen Schulsystems, sowie künstlerische Gestaltung gehörten ebenso zu seinen

Leistungen. Die Funktionsweise des Körpers, sowie der Einfluss des Geistes auf denselben waren Gebiete, die Rudolph Steiner sehr interessierten, und sein Wissen erlangte er auch durch persönliche Experimente.

Nun ist es so, meine Liebe, Rudolph Steiner hat zu einer Zeit gelebt, wo eure Realitätsebene noch sehr dreidimensional war. Die gesellschaftlichen Strukturen waren sehr betoniert, und es herrschte eine hohe Bereitwilligkeit der Bevölkerung, sich lenken zu lassen, ohne selbst über die Dinge nachzudenken. Gerade das zeigt, wie sehr Steiner sich von seinen Zeitgenossen unterschied.

Rudolph Steiner hat seine geistigen Informationen nur erhalten können, weil er sich selbst in einen strikten, disziplinierten Zustand versetzen konnte. Wir möchten diesen Zustand als asketisch bezeichnen, verbunden mit bestimmten Einschränkungen, wodurch es ihm möglich war, in den feinstofflichen Bereich vorzudringen und Anleitungen von seinen Beratern zu empfangen. Die Tatsache, dass die Experimente etwas aufwändig waren und mit einer harten Selbstdisziplin verbunden, ließ ihn annehmen, dass dies eine Grundvoraussetzung dafür sei, überhaupt auf geistigem Gebiet arbeiten zu können.

Nun, meine Liebe, was Rudolph Steiner zu seiner Zeit für die Menschheit getan hat, war sehr wertvoll, auch auf dem Gebiet der Medizin und Körperausrichtung. Allerdings befindet ihr euch heute in einer aufsteigenden Zeitebene mit einer höheren Schwingung, und das bedeutet, dass ihr hier seid, um sowieso zu erwachen!

Rudolph Steiner waren diese hochschwingenden Visionen nur erreichbar durch eine gewisse spartanische Ausrichtung, und dort liegt der Unterschied zu eurer Zeit!

Eigentlich sollten die Schriften eurem heutigen Verständnis angepasst werden, um noch in vollem Umfang einen Nutzen zu erbringen. Meine Liebe, ziehe dir aus den Aufzeichnungen das heraus, was du für dich selbst als wertvoll und richtig erfahren hast, und nimm diese Dinge in dein Leben auf und sei liebevoll zu dir selbst und deinem Körper! Sei flexibel, was Veränderungen angeht!

Frage:

Ich habe in einem Buch gelesen, dass in unserer Zeit noch Menschen inkarniert sind, die aus der Zeit von Atlantis stammen und in einem meditativen Zustand im Himalaja verharren. Ich hätte gerne gewusst, wie ihr das seht. Außerdem wird in diesem Zusammenhang häufig Meister St. Germain genannt.

Konfuzius

Meine Liebe, den ersten Teil deiner Frage verstehen wir. Würdest du dich bitte bei dem zweiten Teil etwas klarer ausdrücken!

Antwort:

Ich habe gelesen, dass St. Germain in vielen Zeitaltern präsent war und dass er demnächst wieder erscheint, um uns bei diesem Aufstieg zu unterstützen.

Konfuzius

Gut, kommen wir zur ersten Frage: Es gibt in eurer Zeit Wesenheiten, die sehr hoch entwickelt sind und die in einem meditativen Zustand helfen, das Energieniveau auf der Erde hoch zu halten. Was nun ihre Verbindung zu dem Kontinent Atlantis angeht, so ist diese bedingt durch ihren Inkarnationszyklus. Das ist in dem Sinne nichts Außergewöhnliches, denn viele von euch teilen derartige vergangene Erfahrungen.

Der Himalaja ist ein Gebirge, welches aufgrund seiner Lage schon von Natur aus eine hohe Schwingung hat. Nun gibt es dort Menschen, die in abgelegenen Orten oder versteckten Klöstern leben und diese Energiearbeit leisten, indem sie die Verbindung in den feinstofflichen Bereich zu einer künftigen Schwingungsebene der Erde aufrechterhalten. Das tun sie, damit euer Aufstieg in größtmöglicher Harmonie vonstatten gehen kann. Sie transformieren die empfangene Schwingung herunter und speisen sie ein ins morphogenetische Feld der Erde. Sie haben einen physischen Körper, der am Leben ist, und sie werden von Helfern versorgt.

Nun kommen wir zu deiner Frage nach Meister St. Germain: Er hat in seiner letzten irdischen Inkarnation, wo er auch den Namen St. Germain trug, nahezu drei Jahrhunderte auf der Erde verbracht. Und als er spürte, dass er diese Realitätsebene verlassen möchte, ist er mit klarer Absicht und bei vollem Bewusstsein aus seiner irdischen Hülle ausgestiegen und in die geistige Welt übergegangen. Nun ist er eine wiederverschmolzene Wesenheit, die bei den Aufgestiegenen Meistern einen Dienst versieht. Und damit gibt es nicht mehr den einen Meister St. Germain. Es handelt sich vielmehr um ein Kollektiv, und es sind damit viele unter dem Begriff Meister St. Germain angesiedelt. Wenn ihr eines Tages zu den Aufgestiegenen Meistern kommt, werden auch manche von euch in das Kollektiv von Meister St. Germain eingehen.

Nun sagst du, es steht geschrieben, dass er demnächst wieder erscheint. Und da möchten wir etwas differenzieren:

Er wird mit Sicherheit nicht auf der Erde geboren! Aber es könnte sich aus dem Kollektiv von Meister St. Germain – sowie auch aus jedem anderen Strahl – ein Lichtkörper erschaffen, der kurzzeitig auf irdischer Ebene eine Aufgabe übernimmt und sich danach wieder entmaterialisiert. Diese Aufgabe könnte ein wichtiges Gespräch sein, welches in eine bestimmte Richtung gelenkt werden soll. Es handelt sich dabei nur um kurzzeitige Erscheinungen, und sie werden nicht für eure persönliche Unterhaltung veranstaltet. Derartige Dinge geschehen nur dann, wenn eine dringende Notwendigkeit dafür besteht.

Unsere vorrangige Aufgabe ist es, die zu unterstützen, die darum gebeten haben. Und es ist eure Aufgabe, an eurer Bewusstheit zu arbeiten, euer inneres Gleichgewicht zu stabilisieren und die Geschicke eures Lebens in freudvolle Bahnen zu lenken. Und eure Zufriedenheit hat wiederum Auswirkungen auf die Schwingung eures Planeten. Damit betrachten wir die Frage als beantwortet!

Frage:

Warum werden in unserer Zeit noch so viele Dinge unter Verschluss gehalten? Zum Beispiel: Warum ist es nicht möglich, offen über Außerirdische zu sprechen oder darüber, dass es auf anderen Planeten ähnliches Leben gibt. Warum dürfen wir diese Informationen nicht offen und ehrlich erfahren?

Konfuzius

Bestimmte Machtkonsortien eures Planeten sind daran interessiert, dass die Menschheit in gewisser Weise dumm bleibt. Das hat auch über einen sehr langen Zeitraum funktioniert. Nun ist es allerdings so, dass sich euer Bewusstsein recht rasch entfaltet, und damit kommt es automatisch zu spontanen Öffnungen. Das heißt, dass eine Person, die offen ist für derartige Erfahrungen, entweder sehr deutlich mit ihrer eigenen Seele in Kontakt kommt oder Erlebnisse mit Außerirdischen und Lichtwesen hat oder auch altes Wissen in sich selbst entdeckt. Wie diese Erfahrung im Einzelfall verläuft, ist unterschiedlich geprägt.

Durch solche Erfahrungen wird euer Interesse geweckt. Ihr fühlt euch von entsprechender Literatur angezogen und werdet Menschen treffen, die ähnliche Erlebnisse hatten wie ihr, und es steht euch frei, euch darüber auszutauschen.

Was du kritisierst, ist in gewisser Weise die Verleugnung dieser Tatsachen durch die Medien. Wobei es allerdings bereits zu einem vorsichtigen Herantasten an sogenannte Tabu-Themen kommt. Die Medien werden sich schrittweise öffnen. Diese Veränderungen finden allmählich statt. Beantwortet das deine Frage?

Antwort:

Ja. Aber im Hinblick auf diese Machtkonsortien habe ich das Empfinden, dass wir doch sehr gesteuert werden.

Konfuzius

Es geht darum, dass ihr euren persönlichen Einfluss erkennt! Jeder einzelne wählt, was er in seinem Leben haben möchte und was nicht. Ihr entscheidet, wofür ihr euer Geld ausgebt, was ihr euch in eure Wohnungen stellt, auf welche Weise ihr abgesichert sein möchtet und welche Informationen ihr abonniert. Ist euch eigentlich klar, welche gigantische Macht darin liegt?

Ihr seht oft nur auf die anderen und glaubt, diese sollten anfangen, sich zu verändern. Aber Veränderungen beginnen immer bei euch, in eurem Leben! Schaut doch einmal nach, wofür ihr euer Geld ausgebt, und überlegt, ob es sinnvoll ist? Ihr seid in eurem eigenen Leben Herr und Meister!

Und wenn ihr anfangt, bei euch Veränderungen einzuleiten, dann sendet sich das über das kollektive Bewusstsein aus. Diese Informationen kommen bei anderen Menschen an, und sie könnten dann ihrerseits animiert werden, etwas zu verändern. Ihr bestimmt, was in eurem Leben Platz hat und was nicht! Tut es bewusst!

Frage:

Wie können wir Menschen von der Sonne Kraft tanken, ohne dass wir uns verbrennen oder verletzen, weil die Sonne zurzeit so stark ist?

Konfuzius

Meine Lieben, ihr solltet darauf achten, wie viel Sonne zu tanken sinnvoll ist und ab wann das Ganze „umkippt“ in einen Schmorbraten. Meine Liebe, es ist so: Die Sonne ist von jeher ein Symbol, welches für die Lebensenergie steht! Und die Sonne hat in diesem Universum wie in anderen Universen auch eine sehr intensive Aufgabe. Ohne die Sonne könnte nichts existieren! Sie ist so etwas wie eine Urerinnerung an Gott – an die Quelle. Und ihr spürt das auch deutlich, wenn in bestimmten Jahreszeiten die Sonne für einige Wochen hinter Wolken verschwindet. Das könnte zuweilen auf euer Gemüt drücken. Für euch ist es wichtig, dass ihr darauf achtet, wenn ihr euch von der Sonne bescheinen lasst, wie viel euch gut tut und um welche Tageszeit ihr dieses Sonnenbad nehmt. Und dann achtet darauf, wie lange ihr dieses Sonnenbad ausdehnen möchtet. Die Sonne aktiviert in euch so etwas wie eine Rückerinnerung an eure Seele – an das Göttliche. Und ihr könntet auch mit dieser Ausrichtung ein Sonnenbad nehmen, aber die Dosierung solltet ihr trotzdem beachten.

Frage:

Meister Kuthumi, ich grüße dich! Ich habe eine allgemeine Frage. Und zwar geht es um Implantate. Wenn ich eine Durchsage richtig verstanden habe, bekommen wir, wenn wir die Einheit verlassen, Implantate, um in den Zustand des Vergessens zu kommen?

Kuthumi

Meine Liebe, wir können das, was du sagst, nicht genau nachvollziehen. Willst du sagen, ihr bekommt Implantate, um die Schöpfermacht zu vergessen, meinst du das?

Antwort:

Ich habe das nicht ganz verstanden, ich habe das gelesen in einer Durchsage, dass wir, wenn wir inkarnieren, bestimmte Mechanismen bekommen. Diese Mechanismen sind als Implantate bezeichnet worden, um in den Zustand des Vergessens zu kommen, und sie werden dann wieder entnommen, um wieder den Weg nach Hause zu finden?

Kuthumi

Meine Liebe, wir können den Sinn, den diese Art von Implantaten hätte, nicht voll und ganz nachvollziehen. Grundsätzlich ist es so, dass ihr zu Beginn des Inkarnationszykluses keine Implantate bekommt! Ihr vergesst vollautomatisch durch das Geborenwerden und diesen Aufenthalt in einem physischen Körper allmählich eure Schöpfermacht. Aber dazu sind keinerlei Implantate nötig – es sind die Gegebenheiten im Dualen Universum. Des Weiteren möchten wir betonen, dass Implantate immer den Sinn haben, euch in irgendeiner Weise zu beeinflussen. Implantate sind verbreitet innerhalb des Dualen Universums und auf bestimmten Planeten stärker als anderswo. Und wir möchten des Weiteren betonen, dass hohe geistige Ebenen, und dazu gehört das gesamte feinstoffliche Universum, niemals mit Implantaten arbeiten! Wir schicken euch Energien, Energien in Form von Liebe und Rückerinnerungen an eure Göttlichkeit, wenn wir darum gebeten werden. Wir setzen niemandem irgendwelche Implantate ein – weder Implantate zum Erwachen noch zum Vergessen.

Frage:

Ich hätte eine Frage zu den Außerirdischen. Und zwar konkret: Haben sie etwas mit der Menschheit zu tun, und was hat es mit diesen Rettungskapseln auf sich, von denen auch geschrieben wird?

Kuthumi

Und wo hast du diese Information her?

Antwort:

Ich habe das in einem Buch gelesen. Die schreiben, dass sie die Menschheit zur Zeit beobachten und über sie wachen im göttlichem Auftrag, und mir ist irgendwie ein bisschen komisch, und deswegen wollte ich die geistige Welt jetzt mal direkt fragen, was dazu zu sagen ist?

Kuthumi

Nun, meine Liebe, wir möchten es so ausdrücken: Das ist ein göttlicher Quatsch! Meine Liebe, natürlich könnte es da Außerirdische geben, die sich damit brüsten, dass sie sagen: Schaut euch mal die Erdlinge an, so unterentwickelt wie die sind wir ja Gott sei Dank nicht. Aber was da spricht, ist das Ego!

Meine Lieben, es ist so, ihr befindet euch in einer intensiven Veränderungsphase, in der das Bewusstsein der Menschen und der Erde erhöht wird, wo es auch Menschen gibt, die diese Bewusstseinsschritte nicht mehr mitmachen und die dann vielleicht auch für sich die Entscheidung treffen auszuinkarnieren.

Und ihr seht auf der anderen Seite, dass euer Planet heftig reagiert auf diese Schwingungserhöhung, dass es da beispielsweise zu Naturkatastrophen kommt und dass bestimmte Veränderungen sich häufen, dass natürliche Abläufe, die früher gegeben waren, momentan nicht funktionieren.

Aber auch das hat damit zu tun, dass sich viele Menschen auf diesem Planeten so in eine bestimmte Rolle hineingesteigert haben, dass sie für sich persönlich keinen Rettungsanker mehr sehen und dass sie dann auch im Kollektiv beschließen: Wir werden jetzt bei einem Erdrutsch, bei einer Überschwemmung ums Leben kommen. Auch diese Möglichkeit besteht.

Nun ist es so, wenn die Außerirdischen, egal von welchem Planeten sie kommen, euch anbieten, dass sie euch letztendlich retten und dass ihr dafür nur in irgendwelche Ufos oder in Rettungskapseln einsteigen dürft, dann funktioniert das nicht!

Meine Liebe, ihr habt auf irdischer Ebene eine bestimmte Schwingungsfrequenz. Und diese Schwingung ist mit dem Planeten Erde, auf dem ihr euch befindet, in Einklang. Wenn ihr jetzt auf einen fremden Planeten kämet, da herrschte dort eine ganz andere Schwingung. Mit eurem feinstofflichen System könnt ihr diese Schwingungsveränderung überbrücken und euch anpassen, aber mit eurem grobstofflichen, physischen Körper seid ihr nicht mit anderen Planeten kompatibel. Das funktioniert nicht!

Angenommen, jemand von euch würde in einem fremden Raumschiff in seinem physischen Körper auf einen anderen Planeten gelangen, dann wäret ihr für die dortigen Bewohner und für diese Zivilisation unsichtbar, so wie ein Geist in eurer Atmosphäre.

Lass dich nicht verunsichern von derartigen Aussagen. Du musst dir kein Köfferchen packen und warten, bis ein Raumschiff kommt. Das ist nicht der Fall!

Frage:

Wasser kann ja bekanntlich Informationen speichern. Werden diese Informationen auch von Zeit zu Zeit gelöscht oder nimmt die Menschheit täglich durch den Genuss, durch das Trinken von Wasser immer wieder die ganzen Informationen, negativ wie positiv, in sich auf?

Kuthumi

Das ist ein weites Feld. Im Originalzustand ist euer Wasser neutral, aber es kann beispielsweise von Chemikalien, von Abwässern verseucht sein. In diesem Fall wird es neutralisiert, indem dieses Wasser gekocht wird. Aber es gibt noch eine andere, weite Palette, wie beispielsweise Wasser mit Informationen bespeichert werden kann.

Der Japaner Emoto, hat mit einigen anderen auf diesem Gebiet Pionierarbeit geleistet. Ihr könnt beispielsweise euer Trinkwasser selbständig programmieren. Nehmt dafür einen Krug Wasser, den ihr über den Tag zu euch nehmen möchtet, und beschallt ihn zum Beispiel mit eurer Lieblingsmusik. Mit einer Musik, die euch in einen ruhigen, ausgeglichenen Zustand versetzt, oder auch mit einer Musik, die euch mit Kraft, mit Freude, mit Zuversicht versieht. Das könntet ihr ganz leicht tun, indem ihr beispielsweise diesen Wasserkrug für die Dauer von 10 Minuten auf eure Lautsprecherboxen setzt, dann wäre die Schwingung dieses Musikstückes in das Wasser eingegangen.

Es gibt auf der Erde eine ganze Menge Möglichkeiten, wie ihr euch selbst helfen könnt. Zum Beispiel auch heilige Symbole, zu denen ihr einen Bezug habt, lassen sich auf Wasser übertragen, indem ihr es auf eine Abbildung davon stellt. Damit verändert sich die Informationsschwingung im Wasser. Das sind Möglichkeiten, mit denen ihr experimentieren dürft.

Frage:

Wäre es eine Möglichkeit, dass ich zum Beispiel eine Karaffe auf ein Symbol stelle oder Steine beigebe zum Aufladen?

Kuthumi

Ja, zum Beispiel auf die Blume des Lebens. Die Energie der Blume des Lebens würde dann vom Wasser aufgenommen. Mandalas, Mineralien – Kristalle. Alles, was für euch eine hohe Schwingung repräsentiert. Ihr dürft gerne damit experimentieren, ebenso wie ihr euch bei bestimmten Symptomen einen Tee bereitet, so könnt ihr euch auch im Alltag mit bestimmten Informationen, die ihr gerne in eurem Körper hättet, helfen.

Frage:

Ich möchte gerne wissen, in wieweit irdische Zwillinge Seelengeschwister sein können? Und wie das mit ein- und zweieiigen Zwillingen ist? Auch wenn einer von beiden früher stirbt?

Kuthumi

Nun, meine Liebe, es ist so, vor dieser Inkarnation legt ihr fest, ob ihr als Einzelkind oder als Zwilling geboren werden möchtet. Manchmal ist es so, dass sich von einer Seelenfamilie zwei Geschwister auch als irdische Zwillinge erfahren möchten, und in dieser Konstellation, wenn zwei aus einer Seelenfamilie, die sozusagen dasselbe Hohe Selbst haben, als Zwillinge auf der irdischen Ebene geboren werden, dann besteht für sie die Möglichkeit, als eineiige Zwillinge geboren zu werden. Das ist die Voraussetzung für eineiige Zwillinge.

Zweieiige Zwillinge müssen nicht aus derselben Seelenfamilie sein. Also, wenn ihr euch zum Beispiel vornehmt, mit irgend jemandem aus eurer Monade – das ist die größere Gemeinschaft, mit der ihr zusammenlebt – wenn ihr da einen guten Freund, eine gute Freundin habt und ihr möchtet gemeinsam als Zwillinge geboren werden, dann ist das nur möglich als zweieiige Zwillinge.

Genauso verhält es sich, wenn ihr unterschiedliche Geschlechter annehmt, dann ist auch innerhalb eurer Seelenfamilie nur ein zweieiiger Zwilling möglich. Meine Lieben, in der Mehrzahl verhält es sich so, dass Seelengeschwister, die als Zwilling auf die Erde kommen, die das gleiche Geschlecht haben auf dem irdischen Plan, dass diese als eineiige Zwillinge geboren werden. Seelengeschwister, die männlich und weiblich nach unten gehen, werden als zweieiige Zwillinge geboren. Freunde, mit denen ihr wählt, eine Zwillingsinkarnation zu erleben, werden ebenfalls als zweieiige Zwillinge geboren.

Nun, es geht noch weiter. Manchmal – und das sind Ausnahmen – könnte es auch sein, dass sich Personen, die sich auf irdischer Ebene gar nicht so nahestanden, die heftige Konflikte miteinander hatten, dass diese sich dann vornehmen, wir möchten als Zwillinge geboren werden, um dadurch die Konflikte, die zwischen uns sind, zu bearbeiten und zu bereinigen.

Zwillinge erleben immer ein sehr intensives Leben. Einmal eine intensive Zusammengehörigkeit mit dem Bruder, der Schwester, und diese Symbiose setzt sich oft über die Kindheit und Jugendzeit hinaus fort. Es besteht mit sehr großer Wahrscheinlichkeit eine sehr enge Bindung. Die Ausnahme davon ist der Fall, wenn sich zwei, die eigentlich etwas bereinigen wollten, zusammen als Zwillingspaar in die irdische Ebene begeben, die Energie nicht aushalten und sich trennen und den Kontakt meiden.

Du sprachst des Weiteren davon, dass ein Zwilling stirbt und der andere am Leben bleibt. Nun, meine Liebe, es gibt darauf keine generelle Antwort, aber für einen Zwillingsbruder oder eine Zwillingsschwester ist ein solcher Verlust meist sehr intensiv, es sei denn, sie haben sich intensivst auseinandergelebt. Und es besteht auch die Wahrscheinlichkeit, dass sich der auf der irdischen Ebene verbliebene Zwilling wünscht, dass er ebenfalls gehen kann.

Des Weiteren besteht bei Zwillingen, und dieses beschränkt sich nicht nur auf Zwillinge, sondern auch auf Paare, die lange Zeit zusammengelebt haben, die Tendenz, dass der zuerst Gestorbene den auf der irdischen Ebene Verbliebenen aufklärt, dass er ihm Zeichen schickt, Signale, dass er im Traum erscheint, sodass dieser deutlich spürt, dass ein Kontakt über den Tod hinaus möglich ist.

Die Kraft der Gedanken

Kuthumi

Meine Lieben, irgendwann einmal, vor langer, langer Zeit, habt ihr euch für einen Inkarnationszyklus im Dualen Universum entschieden. Und ganz am Anfang, als ihr in euren allerersten irdischen Inkarnationen wart, da war es euch vollkommen unverständlich, wie man es anstellen konnte, sich Sorgen zu machen, Ängste zu produzieren und Zweifel. Die Gedankengänge und Konstruktionen, die dahinterstanden, erschienen euch so hochkompliziert, dass es euch vollkommen rätselhaft war, wie es möglich sein könnte, diese Energie zu erschaffen.

Nun, meine Lieben, ihr habt mittlerweile dazugelernt! Durch die Menge der verschiedenen Inkarnationen, die ihr dabei durchliefet, habt ihr es gelernt, euch Sorgen zu machen, an euch selbst zu zweifeln und auch Ängste zu erschaffen.

Wir haben euch einmal gesagt: „Am Anfang ist das Wort, und dieses Wort ist bei Gott." Das bedeutet, dass eure Gedanken über schöpferische Kraft und Macht verfügen, dass ihr – auch wenn ihr in einem physischen Körper seid – die Möglichkeit habt, euer Leben zu gestalten. Ihr alle tut das! Nur tut ihr es mit mehr oder weniger Bewusstheit. Und um eure Bewusstheit anzukurbeln, gibt es die sogenannten Meisterjahre.

Die Meisterjahre setzen dann ein, wenn eine Seele reif genug ist, dass sie glaubt, diesen Inkarnationszyklus wieder beenden zu können, und wenn sie hofft, dass sie sich zurückerinnert an ihren wahren göttlichen Ursprung, an die Erschaffenskraft ihrer Gedanken.

Meine Lieben, ein feinstoffliches Wesen erschafft mit Hilfe seiner Gedanken sowohl seinen eigenen Körper als auch alles, was es umgibt. Und das tut ihr mit ein wenig zeitlicher Verzögerung auch auf irdischem Gebiet. Aber genau diese zeitliche Verzögerung und euer Vergessen sind es, die in euch die Illusion erschaffen, eure Gedanken hätten nichts mit der Realität zu tun, die ihr euch erschaffen habt!

Ihr alle habt aus der Vergangenheit Prägungen. Ihr habt viele, viele Erfahrungen gemacht und euch auf verschiedenen Schauplätzen getummelt. Und ihr habt auch diese Rollenspiele, die in diesem Dualen Universum verbreitet sind, mit Wonne und Begeisterung gespielt, das können wir euch sagen, meine Lieben!

Zuweilen habt ihr gekämpft, habt eure Macht missbraucht, euch um hohe Stellungen geschlagen, und wieder ein andermal habt ihr euch als Opfer erfahren, als hilfloser Mensch, der offensichtlich dazu verdammt war, ein Leben zu führen, das euch sinnlos erschien. Dann wiederum hattet ihr Inkarnationen, in denen ihr das Leben leicht genommen habt, wo ihr gelacht habt, in denen ihr das Leben genossen und nur das getan habt, was euch so passte.

Und wieder in anderen Inkarnationen wart ihr voller Pflichtgefühl und habt all das getan, was andere Menschen gerne von euch gesehen hätten. Aber dabei verlerntet ihr, auf eure eigenen Gefühle zu hören. Und es ist wichtig, dass ihr eure Gefühle annehmt, dass ihr eure Gedanken wahrnehmt, dass ihr spürt, welche Verknüpfungen ihr im Inneren, in euren Gedanken geschlossen habt.

Wir werden euch das an einem Beispiel erklären:

Ihr alle verfügt über Garderobe, und möglicherweise habt ihr einen Pullover, sagen wir, von gelber Farbe. Und aufgrund einer vergangenen Erfahrung glaubt ihr, dass immer, wenn ihr diesen gelben Pullover tragt, ein besonders mieser Tag ist. Ihr könntet glauben, ihr seid vom Pech verfolgt und dass da irgendwelche Querelen von außen kommen. Und ihr verbindet diese Energie des Misslingens mit diesem Pullover. Möglicherweise werdet ihr dann versuchen, dieses Kleidungsstück zu meiden. Und wenn ihr es wieder einmal anhabt, dann ergibt sich wieder so ein Tag, der nicht so ist, wie ihr es euch vorgestellt habt. Oder vielleicht gerade deswegen!

Nun, meine Lieben, es ist nicht so, dass dieser gelbe Pullover über die Macht verfügen würde, euch den Tag zu vergällen! Diese

Macht hat er nicht! Es sind eure Gedanken, eure gedanklichen Konstruktionen, die hinter so einer Aktion stehen, die das bewirken!

Ihr könntet auch annehmen, dass ein Kleidungsstück einer anderen Person infiziert ist von deren Energiefeld, und dass ihr euch da mit etwas vermischt, was eurer hohen Schwingung abträglich ist und euch nachträglich zu schaffen macht. Es gibt Menschen, die meiden es, Sachen zu tragen, die bereits von anderen Personen benutzt wurden.

Nun, meine Lieben, ihr habt auf der physischen Ebene das Waschen der Wäsche erfunden. Und dieses Waschen ist eine Reinigung, eine Neutralisierung der Energie. Es ist nicht so, dass irgendetwas auf euch einen negativen Einfluss hätte, es sei denn, ihr glaubt, dass es so ist! Und deswegen ist es ganz besonders wichtig, dass ihr euch bewusst werdet, was ihr in eurem Inneren denkt, welche Gedanken ihr pflegt und welche Konstruktionen dahinter stehen.

Habt ihr schon einmal beobachtet, was mit einem leer stehenden Haus geschieht? Angenommen, da gibt es ein Haus, aus dem die Bewohner ausgezogen sind. Es steht leer, empfängt keine Besucher und ist vollkommen sich selbst überlassen. Dieses Haus wird langsam, aber sichtbar verfallen, weil der Energieaustausch zwischen den Bewohnern und dem Gebäude fehlt. Ein Haus, welches bewohnt ist, steht im Austausch mit den Menschen, die es bewohnen. Es bietet euch Schutz, und ihr versorgt das Haus mit Beachtung, mit Dank, mit eurer Musik, mit eurem Energiefeld. Und das hält dieses Haus am Leben. Wenn es leer steht und keinen Austausch hat, sozusagen keinen Nutzen erbringen kann, dann verfällt dieses Gebäude allmählich.

Nun, meine Lieben, zum Beispiel durch Waschen, durch Streichen, durch energetische Zuwendung werdet ihr eure Energie einbringen in Räume, genauso wie ihr euren Duft, eure Energie ausstrahlt in eure Kleidung. Aber dieses geschieht nicht für die Ewigkeit. Es geschieht für die Zeit, in der ihr dieses Kleidungsstück, dieses Haus nutzt. Und dann, wenn ihr es nicht mehr benutzt, zieht ihr langsam die Energie ab. Das Kleidungsstück wird gewaschen und bekommt möglicherweise einen neuen Besitzer. Das Haus wird gestrichen und bekommt einen neuen Bewohner. Und so funktionieren die Dinge, meine Lieben.

Es ist auch wichtig, dass ihr darauf achtet in diesen Meisterjahren, welche Gedanken ihr in eurem Kopf pflegt. Ihr alle verfügt über einen feinstofflichen Körper, der des Nachts in Austausch steht mit den jenseitigen Welten. Und es ist nicht so, dass diese beiden Welten vollkommen voneinander getrennt sind. Euer feinstofflicher Körper geht in die Traumrealität. Er wird mit anderen zusammen eifrig Pläne schmieden, die allesamt eurem Aufstieg dienen, eurer Selbstsicherheit, eurem Vorwärtskommen, eurer Zuversicht und eurer eigenen Kraft und Stärke.

Und dann, irgendwann am Morgen, werdet ihr wach. Ihr seid aufgeladen mit neuen Energien, mit Frieden, mit Gelassenheit. Und dann setzt euer Denken ein. Beachtet doch einmal, was ihr am Morgen als Erstes denkt. Denn damit, mit diesen Gedanken, füllt ihr euer inneres System. Ihr programmiert euch jeden Morgen selbst! Wir werden euch ein Beispiel nennen, was viele nachvollziehen können:

Wenn ihr morgens nach dem Erwachen ein Musikstück hört, dann geht euch das oft Stunden später noch durch den Kopf. Ihr merkt es besonders dann, wenn es ein Lied ist, das ihr nicht sonderlich mögt. Kennt ihr das? Das ist die automatische Programmierung, die jeder Mensch hat. Beobachtet doch einmal, wie ihr sie nutzt!

Wir haben zu euch über die inneren Stimmen gesprochen. Ihr habt den Antreiber, den Kritiker und den Verteidiger kennengelernt. Und wenn eine dieser Energien sehr vehement ist, dann ist das weniger vorteilhaft und eurer eigenen Opfermentalität mehr zuträglich.

Es soll auch Personen geben, dessen innerer Antreiber am Morgen im Bett schon so aktiv ist, dass sie von dem bloßen Gedanken daran, was heute wieder alles zu erledigen sein wird, vollkommen erschöpft sind, bevor sie auch nur einen Fuß auf den Boden gesetzt haben!

Es ist wichtig, dass ihr diese Stimmen in euch beobachtet und dass ihr sie willentlich stoppt und gegensteuert!

Es ist Teil der Meisterprüfung, dass ihr bewusst schaut, was läuft da in mir ab? Welche Kämpfe initiiere ich in meinem eigenen Inneren? Wo erschaffe ich in mir Opfer-Mentalitäten und wie kann ich sie mit meinen Gedanken wieder abstellen?

Und jeder von euch glaubt, dass das, was er sich da erschaffen hat an Kämpfen, dass das vollkommen real ist. Und ihr erlebt es in einer Intensität und Realität, dass ihr nicht den geringsten Zweifel hegt, dass das, was ihr da erlebt, eine Tatsache ist. Aber ihr solltet euch bewusst werden, welche Gedanken diese Tatsache erschaffen haben. Und diese Gedanken solltet ihr erkennen und verändern.

Wendet euch euren Gedanken zu! Seid liebevoll zu euch selbst! Nährt euch durch liebevollen inneren Zuspruch. Macht euch des Morgens Mut. Werdet euch klar, dass ihr in eine Inkarnation gegangen seid, um euren Abschluss zu machen, um all das, was ihr vor langer, langer Zeit begonnen habt, erfolgreich und voller Kraft, voller Leidenschaft so umzukehren, dass ihr euch bewusst werdet, dass ihr über Schöpfermacht verfügt und dass ihr diese Schöpfermacht willentlich positiv einsetzt, sodass sie euch zu eurem Allerhöchsten dient.

Meine Lieben, möglicherweise ist diese Inkarnation, in der ihr euch gegenwärtig befindet, die letzte physische Inkarnation – möglicherweise. Ihr alle befindet euch in den Meisterjahren, und diese Meisterjahre verlangen, dass ihr aufhört, euch als Opfer zu fühlen, dass ihr aufhört, euch aufzureiben und verzweifelt zu kämpfen, und dass ihr euch an eure Schöpfermacht erinnert, dass ihr euch bewusst werdet, dass die inneren Worte, die ihr gedanklich sprecht, über ungeheure Macht verfügen, und dass ihr diese Macht so einzusetzen lernt, dass sie euch dienlich ist.

Frage:

Es heißt doch, dass sich das Bewusstsein der Menschen immer mehr erhöht und damit auch die Macht der Gedanken. Wie ist das bei negativ geprägten Menschen? Die Negativität müsste sich doch auch erhöhen? Könnte eine solche Person dadurch nicht an eine gefährliche Macht kommen?

Konfuzius

Die Bewusstseinserhöhung ist grundsätzlich neutral! Sie trifft jeden, und sie bringt das zum Vorschein und zum Schwingen, was in einer Person energetisch vorhanden ist. Dabei findet als Erstes eine Zweiteilung statt: die einen neigen zur Opfermentalität, die anderen zur Kämpfermentalität. Viele kennen auch beides.

Darüber hinaus gibt es persönliche Fixierungen. Die erkennt ihr am „Lieblingsthema" einer Person. Manche Menschen sind auf das Thema Geld fixiert, andere auf Krankheit, die nächsten auf Schwierigkeiten in der Partnerschaft, wieder andere auf die Rettung der Tiere, und die nächsten lernen die Sportlisten auswendig.

Immer wenn ihr eine Person trefft und ihr im Voraus sagen könnt, welches Thema derjenige anschneiden wird, sobald er den Mund öffnet, kennt ihr die Fixierung der Person. Dazu ein Beispiel:

Angenommen, ihr trefft euch in einem Kegelclub, eine Person kommt etwas später und setzt sich neben euch, ihr seid innerlich am Stöhnen und denkt, gleich wird sie sagen: .... ihr wisst also, was der Mensch für ein Lieblingsthema hat! Und diese Fixierung wird sich durch die Schwingungserhöhung verstärken.

Die Person zieht sozusagen in die Schlacht mit dem Geld, mit der Krankheit, mit der Partnerschaft, mit den Lebensbedingungen von Tieren oder den neuesten Sportergebnissen.

Entweder sie erkennt dabei, was sie in ihrem Hirn veranstaltet, und versucht, eine konstruktive Lösung zu finden, mit der sie friedlich leben kann, oder sie erkennt es nicht und manövriert sich immer stärker in einen Fanatismus. Was wir damit sagen möchten: Die Negativität ist immer gepaart mit einem inneren Kampf.

Junge Seelenalter vermögen es nicht, sich selbst zu beobachten. Sie spielen ihre Gedankenschallplatten vollautomatisch, ohne sich dessen bewusst zu sein. Wenn ihr sie fragt: „Was denkst du gerade?"

werden sie in die Gegenwart gerissen und diese Schallplatte ist vollkommen weg. Sie vermögen nicht zu sagen, was ihnen durch den Kopf gegangen ist.

Erst wenn ihr euch selbst diese Frage beantworten könnt, wird eine Brücke geschlagen zwischen dem Gegenwartsbewusstsein und euren inneren Gedankenplatten. Das ist ein wichtiger Schritt auf dem Weg der Selbstbeobachtung. Übt euch darin! Ihr könnt dann nachvollziehen, wie sich Gedankenketten aneinander reihen und lernt damit bewusst, nicht sinnvolle Gedanken zu stoppen und in positive umzuwandeln.

Nun fragst du, ob eine solche Person auch in eine Machtposition kommen könnte?

Prinzipiell ist das möglich! Aber wenn es offenkundig wird, dass jemand seine Macht missbraucht, dann muss er in eurer schwingungserhöhten Zeit mit raschen Enthüllungen rechnen. Lügen und Verschleierungsaktionen, wie sie früher in der dritten Dimension langfristig möglich waren, sind in eurer Zeitebene nur von kurzer Dauer. Das Gleiche gilt auch für die Übernahme eines öffentlichen Amtes. Wenn jemand dafür ungeeignet ist, dann wird sich das deutlich zeigen.

Das Wirken der Schöpfermacht in euch

Konfuzius

Ihr alle, die ihr hier in einem physischen Körper verweilt, ihr alle verfügt über Schöpfermacht, über Kraft, über Stärke, über Ausstrahlung. Und ihr alle habt in euch das Potenzial, euch eure eigene Realität zu erschaffen. Meine Lieben, ihr tut das, indem ihr euch im Inneren Gedanken macht über die Welt, über das, was euch wichtig ist, indem ihr Gefühle produziert, indem ihr in euch Ängste tragt, Ausweichmanöver, aber auch die Möglichkeit, in Frieden und Freiheit zu erschaffen. Nun ist es so, meine Lieben, ihr alle habt nun einen langen Inkarnationszyklus hinter euch gebracht und seid jetzt in einer Phase, in der eure Schöpfermacht in euch anfängt zu brodeln, aufzukochen, wo sie euch ganz klar und deutlich im Außen präsentiert, wofür ihr eure Gedanken, eure Annahmen und eure Ziele einsetzt, welche Blockaden ihr erschafft und damit auch, welche Realität ihr in eurem Inneren erschafft. Und diese Realität wird sich ausweiten nach außen, und ihr zieht dann von außerhalb Erfahrungen an, die ihr zuvor in eurem Inneren produziert habt. Meine Lieben, ihr alle verfügt über Schöpfermacht, auch wenn ihr das manchmal abstreitet und glaubt, dass die Umstände, die sich in eurem Leben ergeben haben, euch von „bösen Menschen“ oder durch irgendwelche Übermächte aufgedrängt und übergestülpt wurden. Das ist Opfermentalität!

Stattdessen sind es doch eure Gedanken, eure Überzeugungen, die Energien, die Filme, die ihr in euch erschafft, die dieses in der Realität formen! Und ihr alle habt auch die Kraft, diesen Film, dieses Leben, was ihr euch kreiert habt, sollte es nicht euren höchsten inneren Ansprüchen genügen und ihr euch im Eifer des Gefechts „verschöpft“ haben, zu verändern. Wenn ihr euch eine solche Realität erschaffen habt, dann wird es Zeit, dass ihr beginnt, umzudenken. Meine Lieben, wie erschafft ihr euch etwas, was ihr nicht wirklich wollt? Nun, dieses polare Universum und die Möglichkeit, mit eurer eigenen Schöpfermacht Verstecken zu spielen, das sind ideale Bedingungen, bei denen ihr euch etwas kreieren könnt, wovon ihr vehement abstreiten würdet, dass es euer Werk ist. Wenn ihr spürt, ihr habt euch da etwas erschaffen, was euch nicht wirklich befriedigt, dann geht bitte in die Beobachterposition.

Schaut euch erst einmal selber zu, welche Filme ihr in euch produziert, von welchen Themen ihr in eurem Alltag berichtet, auf was eure Aufmerksamkeit gerichtet ist, was ihr in euch erschafft an Realität, womit ihr euch beschäftigt. Und das werden mit hoher Wahrscheinlichkeit Kreationen sein, die entweder mit Opfermentalität zu tun haben oder mit Kämpfermentalität, oder ihr wechselt euch zwischen beiden Polen ab. Immer, wenn ihr euch etwas erschaffen habt, eine äußere Realität, die euch zutiefst gegen den inneren Sinn geht, wenn sie euch nicht wirklich befriedigt, dann seid ihr in eurem Inneren am Kämpfen oder am Leiden. Das ist die Ursubstanz für Missgeschicke in eurem Leben!

Und das sind die Energien, die ihr erst einmal in euch erkennen dürft. Schaut euch an, in was ihr euch hineinsteigert! Schaut euch an, was ihr tut! Stellt euch daneben, beobachtet, welche „Schallplatten“ ihr in eurem Inneren spielt! Ob das eine Leidensplatte ist, die euch hinunterzieht? Vielleicht sagt ihr euch Dinge, wie: „Es ist alles sinnlos, ich werde immer verlieren, und alles, was ich erwerbe, zerrinnt mir zwischen den Fingern.“ All das, was ihr euch im Inneren sagt, kreiert ihr mit eurer Schöpfermacht und zieht es in euer Leben! Und jetzt seid ihr in der Schwingung, in der euch eure Schöpfungen sozusagen auf einem silbernen Tablett präsentiert werden.

Und die andere Energie ist die Kämpferenergie, wenn ihr euch vehement hineinsteigert in eine Kampfeslust, in eine verbale Schlacht, dann seid ihr ebenfalls in der polaren Energie, und diese polare Energie erschafft im Außen Streit, Ungerechtigkeit, Kampf, Unfrieden und Ärger! Und das ist das, was ihr als Erstes erkennen dürft! Und um das zu erkennen, müsst ihr euch selbst beobachten, eure Gedanken wahrnehmen, was ihr da sprecht in eurem Kopf und an Gedanken wälzt! Und dann geht in die Verantwortung, stoppt diese Gedanken, nehmt eure Schöpfermacht an und dann überlegt, wie ihr als schöpferische Wesen in die Neutralität kommt, wie ihr in euch Energien erschaffen könnt, die im Frieden sind, die Harmonie in eurem Körper erzeugen, die friedvolle Gedanken aussenden und die konstruktive Lösungen für eure Probleme finden, ohne dass ihr dafür verbissen kämpfen müsst oder dass ihr euch im Leid suhlt. Was jetzt in euch hochkommt, das sind die sogenannten polaren Urmuster. Und diese dürft ihr erlösen, indem ihr euch beider polarer Rollen bewusst werdet und dieselben in Liebe neutralisiert.

Meine Lieben, es ist sehr, sehr wichtig, dass ihr euch selbst beobachtet, eure eigene Schöpfermacht erkennt und dass ihr die polaren Muster erlöst und euch letztendlich ein Leben erschafft, welches euch Spaß macht, was euch Freude bereitet, in dem ihr so sein könnt, wie ihr das möchtet, wo ihr frei seid und zutiefst im Frieden mit allen Bedingungen, die da im Außen sind.

Die Widersprüchlichkeit eurer Gedanken aufgrund der Polarität

Kuthumi

Geliebte Schülerinnen und Schüler des Lichtes, wir möchten in diesem Kapitel über bestimmte Widersprüchlichkeiten sprechen, die aufgrund der Polarität für euren Verstand vorhanden sein könnten.

Da gibt es einmal die Aussage, dass ihr euch bemühen solltet, im Hier und Jetzt zu leben, in der Gegenwart zu sein! Manch einer von euch deutet das so, dass er von nun an nur noch in der Gegenwart ist und erst einmal abwartet, welche Ereignisse da von außen kommen, und er dadurch möglicherweise auf der Stelle tritt und unfähig wird, seine eigenen Ziele zu erreichen. Aber so ist das nicht gemeint! Wenn wir davon sprechen, ihr solltet in der Gegenwart sein, dann bedeutet das nicht, ihr sollt in den Tag hinein leben und alle Fünfe gerade sein lassen. So war das nie gemeint! Manchmal können wir beobachten, dass ihr in euren Köpfen kühne Pläne schmiedet, aber nicht einen Finger dafür rührt.

In der Gegenwart leben bedeutet, dass ihr euch eurer inneren Kommunikation bewusst werdet!

Des Weiteren kennt ihr Visionen, die ihr euch manchmal macht und die mehr schattig als lichtvoll sind. Und es gilt für alle von euch zu erkennen, was ihr da in eurem Inneren, in eurem Bewusstsein, erschafft! Ihr seid Schöpfergötter, und wenn ihr eure Gedanken nicht diszipliniert, dann folgen sie einem vollautomatischen Eigenleben, dann wird euch euer Antreiber gnadenlos unter Druck setzen. Dann wird euch euer Kritiker heruntermachen und euer Verteidiger führt Scheingefechte mit nichtanwesenden „Feinden“.

Es ist so, meine Lieben, wenn ihr euch in so einer Situation ertappt, dann seid ihr aufgerufen, dieses wahrzunehmen, eure Gedanken zu stoppen und euch zurückzuholen in die Gegenwart – in das Hier und Jetzt!

Nehmt wahr, welcher Raum euch umgibt. Nehmt wahr, wie der Atem eure Lungen füllt. Spürt in euren Körper hinein und wendet euch dem jetzigen Moment, was jetzt wichtig ist, zu! Das ist das, was wir meinen, wenn wir davon sprechen, dass ihr in der Gegenwart sein sollt! Weil ihr in dem Moment, in dem in euch irgendwelche Schallplatten laufen, Schimpftiraden gehalten werden, nicht in der Gegenwart, sondern in einem selbsterschaffenen Film seid! Und so missbraucht ihr eure Schöpfermacht! Und das sind auch deutliche Zeichen für euch, dass noch ein unbearbeitetes Urmuster in euch aktiv ist!

Wenn ihr eure Urmuster bearbeitet habt und spürt, da ist keine Blockade mehr, die dringend an die Oberfläche drängt und sich durch unangenehme Gefühle ankündigt, dann wird es Zeit für die „Ich-bin-Kraft“ – die Selbstprogrammierung eines Schöpfergottes!

Dann seid ihr soweit, dass ihr mit eurer Schöpfermacht im eigenen Inneren mit dem „Ich-bin“ bewusst umgeht und Platz nehmt auf dem Thron eurer Eigenmacht! Und dass ihr ganz bewusst eure Gedanken auswählt, eure Gefühle harmonisiert und Frieden mit allem, was ist, in euch beschließt. Und wenn ihr das gelernt habt, dann wird es Zeit, euer Licht zu verstrahlen.

Meine Lieben, ihr alle seid Schöpfergötter, aber diese Schöpferkraft verlangt von euch, dass ihr diszipliniert denkt, dass ihr liebevoll mit euch selbst umgeht, dass ihr alles in Frieden, in Harmonie versetzt und dass ihr allmählich, wenn immer mehr erwacht sind, diesen Planeten in ein lichtvolles Paradies für alle umgestaltet.

Fragen zum Thema

Frage:

Ich visualisiere jetzt schon seit anderthalb Jahren die Entstehung eines spirituellen Zentrums. Aber bisher hat sich nichts ergeben! Allmählich bin ich frustriert!

Konfuzius

Welche Schritte hast du auf irdischer Ebene unternommen, und wie möchtest du dich selbst einbringen?

Antwort:

Ich habe verschiedene Ausbildungen in Craniosakraler Therapie, Rolfing, Bachblüten und meine Vorstellung ist, dass ich ein Haus mit anderen zusammen eröffne, wo unterschiedliche Angebote laufen, Menschen auftanken können, eine tolle Atmosphäre herrscht und alles in hellen Farben gehalten ist.

Konfuzius

Welche Schritte hast du unternommen?

Antwort:

Ja, ich habe es mir vorgestellt und auch schon mit anderen Leuten darüber gesprochen, aber es entwickelt sich einfach nicht!

Konfuzius

Erwartest du, dass dieses Haus vom Himmel fällt?

Antwort:

Hm, nein. Nicht so direkt! Aber ich bin jetzt schon länger dran, und ihr sagt ja immer, man soll positiv denken!

Konfuzius

Meine Liebe, so geht das nicht! Positiv denken bedeutet nicht, sich in Hirngespinste zu flüchten und irgendwelche Wolkenschlösser zu erschaffen! Dabei verlierst du den Bezug zur Realität! Dein Kapital sind deine Ausbildungen, und da solltest du schauen: Wo ist der nächste Schritt? Hast du schon mit Patienten gearbeitet?

Antwort:

Ja, schon. Aber es läuft so wenig, dass ich nicht davon leben kann.

Konfuzius

Nun, meine Liebe, dann kann niemals der nächste Schritt sein, dass du ein spirituelles Zentrum betreibst! Jetzt heißt es erst einmal für dich: Wie kann ich die Menschen auf mich aufmerksam machen? Wie wirbst du? Wie erfahren die Menschen von deiner Therapie?

Antwort:

Das mache ich alles visuell.

Konfuzius

Nun, im feinstofflichen Bereich funktioniert es so! Aber du befindest dich in einem physischen Körper in der irdischen Realität, und da ist die Vorgehensweise ein wenig anders! Du darfst Flyer verteilen, Anzeigen schalten, Vorträge organisieren und den Menschen ganz direkt von deiner Arbeit erzählen!

Meine Liebe, du hast dich ein wenig verrannt und den Bezug zur Realität verloren. Wir wissen auch, dass diese Erkenntnis schmerzt. Aber es wird doch nicht besser, wenn du dich in Luftschlösser flüchtest! Es geht momentan nicht um ein Zentrum! Für dich ist es wichtig, dass du Erfahrungen sammelst mit deiner Massage, dass Menschen zu dir kommen und du dir etwas Solides aufbaust. Das ist der nächste Schritt! Und wenn du das realisiert hast, und zwar physisch, dann steht vielleicht in einiger Zeit ein neuer Schritt an. Möglicherweise lernst du Menschen kennen, die ein solches spirituelles Zentrum betreiben, und dann kannst du überlegen, ob du dich da einbringen möchtest.

Frage:

Ihr habt doch aber gesagt, dass Visionen eine größere Bedeutung bekommen! Und jetzt sagt ihr, man solle sich keine Luftschlösser bauen! Widerspricht sich das nicht?

Konfuzius

Da gibt es einen feinen Unterschied! Einerseits ist es günstig, wenn ihr euch positive zukünftige Visionen macht! Aber ihr dürft auch die irdischen Schritte und inneren Impulse, die ihr diesbezüglich wahrnehmt, umsetzen. Es geht dabei um den nächsten Schritt in der Physis.

Nehmen wir dafür ein Beispiel, damit es deutlicher wird:

Da gibt es einen Landwirt mit einem Acker, und er beschließt: Ich werde nächstes Jahr Mais anbauen! Nun hört er vom Visualisieren und sagt sich: Das probiere ich jetzt aus! Er nimmt sich jeden Tag eine halbe Stunde Zeit, setzt sich an den Feldrain seines unbestellten Ackers und stellt sich vor, wie fette Maispflanzen aus dem Boden wachsen. Vielleicht bekommt er in seinen Meditationen den Impuls: Ruf an und bestelle Saatgut! Aber der Bauer sagt sich: Diesen Schritt spare ich mir ein!

Nun, meine Lieben, was glaubt ihr denn, was passiert? Ihr befindet euch auf der physischen Ebene! Glaubt ihr wirklich, dass die Heinzelmännchen euer Saatgut besorgen und aussäen?

Wenn ihr die notwendigen irdischen Schritte nicht geht, dann bleiben eure Visionen das, was sie sind: grandiose Vorstellungen, was sein könnte!

Frage:

Ich möchte wissen, was es mit den Worten **nein** *und* **nicht** *auf sich hat. Es heißt, die Engel verstehen kein Nein und Nicht, aber du selbst sprichst und benutzt diese Worte. Was hat es mit diesen Worten auf sich?*

Konfuzius

Jeder Mensch, jede Persönlichkeit, jede Wesenheit, die in diesem Dualen Universum inkarniert war oder auch ist, versteht die Verneinung. Sie ist gebräuchlich in eurem Sprachbereich und sie ist auch wichtig für euch.

Nun ist es so, ihr sprecht in eurem Inneren zu euch selbst und dabei benutzt ihr auch Bilder und positive Affirmationen. Und wenn ihr Visionen habt, dann funktioniert diese Verneinung nicht. Ihr könnt euch nicht irgendetwas vorstellen, was nicht sein soll. In euren Vorstellungen und Visionen solltet ihr positiv ausgerichtet sein und Verneinungen meiden.

Aber in eurem Sprachgebrauch untereinander und auch mit den Meistern, mit euren geistigen Geschwistern, mit feinstofflichen Führern, sie verstehen alle, was „nein" bedeutet. Das können wir dir versichern! Es ist nur das Visualisieren von Bildern, wo diese Verneinung nicht funktioniert! Ebenso verhält es sich mit Affirmationen, mit denen ihr euer Unterbewusstsein programmiert. Wenn ihr euch sagt: „Ich möchte nicht krank sein!" dann erzeugt ihr damit Krankheit. Der richtige Satz lautet: „Ich bin gesund!" Aber diesen Satz könnt ihr nur dann verwenden, wenn er der Wahrheit entspricht! Andernfalls wäre es günstiger zu sagen: „Mir geht es von Tag zu Tag immer besser!"

Zweifel

Konfuzius

Meine Lieben, wir möchten euch sehr ans Herz legen, dass ihr euer eigenes Potenzial erkundet, dass ihr herausfindet, was euch in diesem Leben ganz besonders interessiert, und dass ihr euren eigenen Fähigkeiten vertraut.

Manchmal hat es den Anschein, dass ihr euren Zweifeln ein sehr großes Feld einräumt. Zuweilen glaubt ihr, dass ihr klein und unbedeutend seid und dass für euch noch nicht der richtige Zeitpunkt gekommen ist, um in die eigene Kraft und Verantwortung zu gehen. Es könnten da solche Gedanken auftauchen wie: „...dass die anderen doch schon mal beginnen sollen mit den Veränderungen! Ihr kommt dann später nach!"

Aber es ist so, meine Lieben: Jeder Einzelne von euch ist aufgerufen, seinen Beitrag jetzt zu leisten. Beginnt die neuen Gedanken und Veränderungsideen da einfließen zu lassen, wo ihr gerade in eurem Leben steht. Da seid ihr gefragt!

Räumt den Weg zu eurem Herzen frei und spürt in eurem Alltag, an euren Arbeitsplätzen in euch hinein, ob die Dinge, wie sie organisiert sind und ablaufen, für euch wirklich stimmig sind? Oder ob ihr etwas erfüllt, dessen Antrieb Angst ist? Wie ist das Unternehmen, dessen Teil ihr seid, aufgebaut? Habt ihr Freude an eurem Arbeitsplatz? Könnt ihr lachen mit euren Kollegen? Dürft ihr euch offen und ehrlich mitteilen? Oder regieren in eurer Firma Angst, Panik, Chaos und Lügen? Die Strukturen werden sich verändern! Und ihr könnt an der Atmosphäre ablesen, ob sie zukunftsträchtig und hochschwingend sind!

Überprüft auch euren Umgang mit anderen Menschen, ob es da jemanden gibt, dem ihr gestattet, euch einzuengen und unter Druck zu setzen? Es ist wichtig, dass ihr für euch selbst und euer inneres Wohlergehen sorgt! Versetzt euch selbst in einen Zustand der Harmonie, Stärke und inneren Größe! Glaubt an eure Fähigkeiten!

Meine Lieben, wenn ihr es möchtet, könnt ihr bis zum St. Nimmerleinstag an euren Fähigkeiten zweifeln! Ihr könnt, wenn es euer Bedürfnis ist, euer Augenmerk auf den Mangel ausrichten. Dann seht ihr immer nur das halbleere Glas und wälzt euch in euren Sorgen. Aber ihr habt auch die Möglichkeit, euren Blickwinkel zu verändern, dann nehmt ihr das halbvolle Glas wahr – die Fülle in eurem Leben, den Reichtum, der in euren Talenten schlummert; die Fähigkeiten, die euch in den Schoß gelegt wurden, damit ihr sie nutzt! Wenn ihr euren inneren Reichtum annehmt, dann wird er euch ein reiches, tief befriedigendes Leben bescheren!

Aber der Beginn dafür liegt immer in euren Gedanken und in der inneren Bereitschaft, gegenzusteuern und auch Veränderungen zuzulassen. Es gibt niemanden, der euch diesen Teil der Selbsterkenntnis abnehmen könnte! Kein Außenstehender hat Zugriff auf eure Gedanken oder Einfluss auf eure Lebensentscheidungen! Ihr programmiert euch über eure Gedanken selbst mit Leid oder mit Freude. Ähnlich verhält es sich mit euren Entscheidungen!

Das Erschaffen von Widerständen

Kuthumi

Manchmal können wir beobachten, wir ihr euch selbst negativ programmiert. Das geschieht z. B.; indem ihr eine Erledigung bewertet. Ihr sagt euch dann: Das muss ich auch noch machen! Es wird wieder ewig dauern und sehr mühsam sein!

Was ihr damit bewirkt, ist, dass ihr im Vorfeld festlegt, in welchem Zustand ihr diese Arbeit zu erledigen gedenkt. Und damit baut ihr erst einmal Widerstand auf. Ihr werdet diese langwierige Arbeit erst einmal beiseite und wie eine unerledigte Lawine vor euch herschieben.

Nehmen wir die Steuererklärung! Wir wissen, mit wieviel Vorfreude ihr diese Notwendigkeit erledigt! Ihr sagt euch also, dass das wieder ein grausamer Berg wird, schiebt es solange wie möglich vor euch her. Doch irgendwann kommt der Tag der Abgabe. Jetzt müsst ihr funktionieren! Und aufgrund eurer Programmierung wird es ätzend, langwierig und zeitaufwendig. Hättet ihr im Vorfeld nicht diese Bewertung getroffen und als Folge davon Widerstände aufgebaut, könntet ihr es auch unvoreingenommen und zügig erledigen.

Wir legen euch ans Herz: Beobachtet euch selbst! Erkennt, dass jede innere Bewertung Widerstände hervorbringt. Ihr seid Schöpfergötter! Und ein bewusster Schöpfergott unterlässt negative Programmierungen!

Spiritualität und Religion

Frage:

Es gibt doch auf der Erde eine ganze Reihe Religionen. Wie sind sie eigentlich entstanden, und wird es da irgendwann einmal zu einer Annäherung zwischen ihnen kommen?

Kuthumi

Nun, meine Lieben, wir möchten euch Folgendes dazu sagen:

Wenn ihr sehr, sehr weit in der Historie der Erde zurückgeht, da gab es eine Zeit, in der die Menschen in Sippen, in Gruppen zusammenlebten und das, was sie animierte, an einen Gott zu glauben, sich nach einer höheren Macht auszurichten, das waren ihre persönlichen Erfahrungen, z.B. indem sie erlebten, dass sie nachts träumten, in dem sie erlebten, dass sie Hinweise erhielten, wo sich beispielsweise Nahrung und Wasser befinden. Oder indem sie die Sonne und nachts die Sterne betrachteten. Sie hatten intuitiv eine Ererinnerung an eine jenseitige Welt.

Und genau diese Urerinnerung animiert euch auch heute noch, mit dem feinstofflichen Bereich in Kontakt zu treten. Ihr spürt, da gibt es mehr zwischen Himmel und Erde als das, was ihr mit euren physischen Augen seht. Und das ist der Anfang – eine natürliche Hinwendung zu Gott.

In so einer Sippe hatte jeder Einzelne einen starken Bezug zu Geburten von Kindern und zum Sterben alter Menschen und damit auch einen natürlichen Zugang zum feinstofflichen Bereich.

Aber da ihr zur Inkarnation auf einem physischen Planeten seid, werdet ihr auch negative Erfahrungen gemacht haben. Es konnte beispielsweise passieren, dass ein Kind starb, dass ein Jäger durch einen Unfall ums Leben kam. Und ihr saßet dann da mit der Unfassbarkeit dieses Geschehens und fragtet euch, was ihr hättet tun können, um dieses zu verhindern?

Und das war die Stunde, in der die „Verzerrung“ und das „Böse“ geboren wurden! Ihr bewertetet das Geschehen so, dass ihr annahmt, dass es da Ahnen gibt, die euch offensichtlich zürnen, weil ihr euch nicht immer korrekt verhaltet. Und diese Ahnen haben die Macht, jemanden aus eurer Mitte zu reißen.

Das wiederum hat euch dazu gebracht, zu glauben, wenn ihr diesen Gott – diese unberechenbaren, rachsüchtigen Ahnen – irgendwie besänftigen könntet, z.B. durch ein Tier- oder Menschenopfer, sie euch dann wohlgesonnener wären. Damit wolltet ihr künftige Jagdunfälle und Unvorhersehbarkeiten abwenden! Aber das hat natürlich nicht funktioniert! Es gab weiterhin schicksalhafte Ereignisse, sodass ihr glaubtet, dieser blutrünstige Gott würde den Hals nicht vollkriegen.

Nun, meine Lieben, und dann hat eine neue Periode der Entwicklung eingesetzt, und diese begann ungefähr vor 3000 Jahren. Die geistige Ebene hat damals beschlossen, diesem Gebaren doch einmal so etwas wie eine spirituelle Aufklärung zu Hilfe kommen zu lassen, so dass die Menschen von ihrem zürnenden Gott und von ihren Menschenopfern loslassen konnten. Und so wurde beschlossen, dass hohe geistige Lehrer in der Physis inkarnieren sollten, um spirituelles Wissen und Aufklärung zu euch auf die Erde zu bringen.

Das war einmal Moses, der dem Judentum die Gebote brachte. Konfuzius, der den Konfuzianismus begründete. Das war zum anderen Buddha, der den Buddhismus begründete. Mohammed lehrte den Islam. Es kamen noch andere geistige Lehrer, wie Jesus von Nazareth, der das Christentum vermittelte. Der Hinduismus wurde begründet und eine Vielzahl kleinerer Religionsgruppierungen, die auch durch spirituelle Lehrer auf die Erde gebracht wurden.

Diese Lehrer, von denen einer Jesus von Nazareth war, waren hochspirituell. Sie haben euch sinngemäß erklärt, dass Gott ein liebender Gott ist, dass es um die Liebe in euch geht und dass ihr aufhören sollt, euch gegenseitig zu bekämpfen und mit Machtgier vorzugehen. Sie haben euch erklärt, wie eure eigene Schöpfermacht funktioniert und welches große Potenzial in jedem Einzelnen von euch wohnt und wie ihr dieses ganz praktisch im Leben anwenden könnt. Sie haben sinngemäß alle dasselbe gesagt – die göttliche Wahrheit.

Keiner von ihnen hatte die Absicht, eine dogmatische Religion zu erschaffen!

Es war ursprünglich auch nicht vorgesehen gewesen, dass so viele Weisheitslehrer in größeren Abständen auf die Erde kamen. Als der erste in den Himmel zurückkehrte und beobachtete, was ihr innerhalb einiger Jahrhunderte aus diesen liebevollen Botschaften gemacht habt, fühlte sich der Nächste veranlasst, es erneut zu versuchen. Alle haben ihr Bestes gegeben! Alle haben dasselbe gesagt! Alle sind missverstanden worden!

Nun, meine Lieben, was von den ursprünglichen Weisheitslehren überliefert war, wurde zumeist erst Jahrzehnte und Jahrhunderte später aufgeschrieben und dabei ordentlich polarisiert. Ihr habt die Dualität und das „Böse hineingebacken", sodass der Kuchen bitter schmeckt! So ist die Bibel entstanden, die Thora, der Koran, die Upanishaden und so weiter. Ihr habt das Ganze mit Dogmen versehen und für persönliche Machtansprüche benutzt. Ihr habt die Bevölkerung dumm gehalten und nach allen Regeln der Kunst geängstigt. Und von dieser Angst und diesen „Fehltritten" konnten sie sich mit Geld freikaufen. Ihr habt sie in den Krieg geschickt, um die zu meucheln, die einen anderen spirituellen Lehrer hatten. Glaubt ihr wirklich, dass das Gottes Botschaft für euch war?

Und jetzt beginnt wieder ein neues Zeitalter – eine neue Entwicklungsstufe:

Ihr werdet durch die Schwingungserhöhung dahin gebracht, dass ihr euch ganz klar und deutlich mit eurer eigenen Seele konfrontiert seht, mit der Macht eurer Gedanken und mit eurer Bewusstheit, und vielleicht könnt ihr jetzt erkennen, was die geistigen Lehrer, wie Jesus von Nazareth, euch beizubringen versucht haben, und wo die Verzerrungen sind.

Meine Lieben, was jetzt geschieht, ist eine Öffnung des Einzelnen. Es werden sich mehr und mehr Menschen bewusst, dass sie über eine Seele verfügen und dass sie mit dieser Seele in Kontakt treten können, dass es so etwas wie geistige Ebenen gibt, einen Bereich, der euch unsichtbar umgibt, dass ihr über Bewusstsein verfügt und wie es um die Macht eurer Gedanken bestellt ist.

Und das, was jetzt ansteht, ist, dass ihr die Parallelen in den Religionen erkennt! Auch im Islam gibt es Schutzengel. Euch wurde dasselbe geistige Wissen vermittelt. Nehmt die Parallelen wahr und reicht euch über die Kulturen und Nationen hinweg die Hände. Erkennt euch alle als göttliche Wesen! Das ist der nächste Schritt, der jetzt getan werden sollte!

Fragen zum Thema

Frage:

In der Bibel steht geschrieben, zu Beginn der Welt gab es Adam und Eva. Wie ist das aus eurer Sicht zu verstehen?

Konfuzius

Eure Bibel ist eine Sammlung von Analogien, die bildhaft versucht, ein bestimmtes Geschehen zu vermitteln. Es steht also geschrieben: Gott erschuf Adam und Eva!

Und nun schau dir an, wo diese bildhafte Darstellung hingehört: Es ist euer Betreten des Dualen Universums!

Der androgyne Körper wird aufgegeben und es bilden sich Körper mit Geschlechtern – Adam und Eva. Gott – die androgyne Wesenheit, begibt sich in eine neue Welt, in die Dualität, die Adam und Eva repräsentieren. Nun dürft ihr die Aufzeichnungen nicht allzu wörtlich nehmen, versucht das Geschehen zu erfassen und an der richtigen Stelle zu platzieren. In dieser Geschichte kommt auch der

Fall in die Materie vor – das Beißen in den Apfel, was wiederum zur Vertreibung aus dem Paradies führt.

Nachdem ihr dieses Duale Universum betreten habt, kommt irgendwann unweigerlich die erste physische Inkarnation – das Beißen in den Apfel. Ein feinstoffliches Wesen hat es nicht nötig, Nahrung zu sich zu nehmen. Ein physischer Körper muss gespeist werden. Dafür steht der Apfel!

Und manch einer könnte den Beginn des Inkarnationszykluses als die Vertreibung aus dem Paradies bewerten. Doch es hat euch niemand dazu verdammt! Ihr selbst habt diese Wahl getroffen!

Und bedenkt auch, wie langweilig es ist, immer nur Gott zu spielen und irgendwelche Realitätsebenen zu erschaffen! Da bietet doch die Dualität viel mehr Würze!

Frage:

Ich habe auch noch eine Frage zu Jesus: Ich möchte gern wissen, wie Jesus als Kind war. Und dann noch, ob er verheiratet war?

Konfuzius

Du möchtest also etwas über die Kindheit von Jesus wissen. Nun, was bei euch geschrieben steht, ist nur teilweise richtig. Jesus hatte zum Beispiel einen irdischen Vater: Joseph. Die unbefleckte Empfängnis kam wohl erst später auf – aus Gründen der Heiligkeit.

Nun, Jesus war ein sehr friedvolles, aber auch lebendiges Kind. Er war schon früh dabei, Frieden zu stiften und seine Kameraden im Spiel auszusöhnen. Ebenso trat seine Medialität schon früh zu Tage, er erinnerte sich beispielsweise an frühere Inkarnationen. Er hatte auch einen ausgeprägten Gerechtigkeitssinn und war ein sehr fantasievolles Kind. Die Verbundenheit mit der geistigen Welt nahm er als etwas vollkommen Normales hin. Als seine Medialität seinen Eltern auffiel, haben sie ihn gefördert und von ausgesuchten Lehrern unterrichten lassen. Er erhielt natürlich auch Schulungen aus dem feinstofflichen Bereich. In einer bestimmten Phase war er stark auf der Suche nach einer Glaubensgemeinschaft oder religiösen Vereinigung, die das vermittelte, was er im Inneren fühlte. Er hat sich überall umgetan und für seine persönliche Vollendung das herausgenommen, was ihm wertvoll erschien. Aber es gab auch sehr viele Dogmen, die ihn wütend machten und in seiner Überzeugung bestärkten, dass dringend eine Revision notwendig war. Das war die Vorarbeit für seine spätere Aufgabe.

Des Weiteren fragst du, ob Jesus verheiratet war. Er hatte eine Gefährtin und das war Maria Magdalena. Aber auch hierbei weichen die verschiedenen Zeitebenen voneinander ab. Es gab z.B. eine Zeitebene, in der Jesus zwar ans Kreuz geschlagen wurde, aber von seinen Freunden in einer Nacht- und Nebelaktion gerettet wurde. Sie verhalfen ihm dann gemeinsam mit Maria Magdalena zur Flucht. Und sie haben später im Exil eine Familie gegründet.

Die unterschiedlichen Variationen der Geschichte, die zum Teil auch bei euch in Umlauf sind, sind Erinnerungen an andere Zeitebenen und andere „Jesus-Darsteller". Sie haben alle Berechtigung! Nur solltet ihr nicht auf die Idee verfallen, ergründen zu wollen, wer von denen denn nun seine Rolle am besten gespielt hat. Das Verstehen seiner wahren Größe ist wesentlicher!

Frage:

Ich komme noch nicht ganz klar mit dem Kreuzestod von Jesus Christus, den Rudolph Steiner auch darstellt als ein Ereignis, das notwendig war, damit die Erde und die Menschheit sich nicht so verhärtet, dass keine Entwicklung mehr möglich gewesen wäre. Und was bedeutet das Abendmahl, das er mit seinen 12 Jüngern eingenommen hat?

Kuthumi

Gut, meine Liebe, wir möchten deine Frage so beantworten:

Wir hatten in unseren Ausführungen dargestellt, dass es von eurer Erde verschiedene Zeitebenen gibt. Und nicht in jeder Zeitebene ist Jesus am Kreuz gestorben! Bei euch ist er es!

Aber es gibt andere Zeitebenen, in denen keine Hinrichtung stattgefunden hat, wo er sogar freigelassen wurde und weiter seiner Bestimmung folgen konnte, wo er eine Familie gegründet hat und dergleichen mehr. Und diese Zeitebenen verehren auch keine Reliquien mit Jesus am Kreuz – dieses Bild fehlt ihnen!

Eure Kruzifixe sind eine Darstellung von Grausamkeit und Leid und keineswegs geeignet, um euch an die Stärke und Göttlichkeit eurer eigenen Seele zu erinnern!

Diese Kreuzigung ist in dem Sinne keine zwangsläufige Handlung, die im Vorfeld festgelegt wurde. Wir können dabei weder einen Vorteil noch eine zwingende Notwendigkeit erkennen! Es ist keineswegs so, dass durch diese Kreuzigung für eure Zeitebene ein besonderes Wunder oder späterer Ausgleich stattgefunden hat.

Im Gegenteil! Die Bevölkerung einer Zeitebene, in der Jesus gekreuzigt oder auf andere Weise hingerichtet wurde, kämpft oftmals mit Schuldgefühlen und die entstandene Lehre wird zuweilen dogmatisch weitergegeben und unter Anwendung von Schuld und Sühne ausgetragen. Allerdings möchten wir einräumen, dass sich die Spuren, die ein Jesus, der an Altersschwäche starb, hinterließ, wiederum auch nicht so nachhaltig einprägten.

Du fragst des Weiteren nach dem Abendmahl im Kreise seiner Jünger: Lasst es uns so ausdrücken: Die Aufzeichnungen, welche ihr habt, wo beschrieben wird, wie Jesus mit seinen Jüngern durch die Lande zog, sind zu einem Zeitpunkt entstanden, als Jesus schon mehrere Jahrhunderte tot war. Und diese Aufzeichnungen sind sinnbildlich zu verstehen. Nimm es nicht als ein Ereignis, das genau auf diese Art ablief und nicht anders. Es handelt sich dabei um sinnbildliche Beschreibungen verschiedener Charaktere, die sich in seinen Jüngern offenbarten. Auch hatte er bedeutend mehr Anhänger als die namentlich genannten Jünger. Wäre er mit 12 Männern durch die Lande gezogen, kein Hahn hätte nach ihm gekräht! Es waren Hunderte, später Tausende und darin lag für die damaligen Machthaber die Bedrohung!

Das Abendmahl symbolisiert das letzte Treffen in Freiheit, wobei die Persönlichkeit Jesu um das weitere Geschehen und auch den Ausgang wusste.

Frage:

Meister Kuthumi, ich habe eine allgemeine Frage, und zwar möchte ich wissen, was die Bundeslade ist?

Kuthumi

Du möchtest also wissen, was die Bundeslade ist! Vor langer Zeit, als auf eurer Erde die Religionen eingeführt wurden, da kam als ein Symbol auch die Bundeslade auf. Die Bundeslade ist also ein Symbol, welches nach euren Vorstellungen angefüllt war mit geheimem Wissen über das Leben und die Funktionsweise des Universums. All das vermutetet ihr unter Verschluss in einem Behälter, den ihr Bundeslade genannt habt. Dieser Behälter war nach eurer Beschreibung aus Stein und stand im sogenannten Heiligen Land. Darin war das geheime Wissen weggesperrt. Nun ja … (amüsiert). Und zuweilen habt ihr euch darum geschlagen, diese Bundeslade zu finden, meine Lieben. Ähnliche Kämpfe gab es um den Gral. Nach euren Vorstellungen hatte derjenige die uneingeschränkte Macht, der diese heiligen Gegenstände fand. Aber ihr werdet weder die Bundeslade noch den Gral auf irdischer Ebene finden. Das Ganze ist symbolisch zu verstehen! Das sogenannte Heilige Land, wo diese Bundeslade aufbewahrt wird, habt ihr für Palästina – Israel gehalten und ihr seid davon ausgegangen, weil Jesus dort gelebt hat. Nun, dieses Heilige Land dürft ihr nicht so irdisch wörtlich verstehen! Das Heilige Land steht für eine Welt, die heil geblieben ist. Das bedeutet, die Bundeslade und die Geheimnisse dieses Universums befinden sich im feinstofflichen Bereich. Es ist also vergeblich nach einem steinernen Behälter Ausschau zu halten.

Der einfachere Weg wäre, ihr würdet diese machtvollen Geheimnisse in euch finden! Da ihr Teil dieses Programms seid, habt ihr in euch die Möglichkeit, all das, was ihr in der Bundeslade vermutet, zu finden. Dafür müsst ihr lediglich mit euch – mit eurer Seele in Kontakt treten!

Frage:

Esoterik wird ja von der Kirche stark abgelehnt. Angeblich lehnt Gott das ab. So wird es in der Kirche gesagt. Und so steht es angeblich auch in der Bibel. Was kannst du dazu sagen?

Kuthumi

Nun, meine Liebe, wir möchten es so beantworten: Es ist vollkommen normal, dass ihr euch in einem fortgeschrittenen Seelenalter für die Spiritualität und den feinstofflichen Bereich öffnet, dass ihr erkennt, dass dieses Spiel des Vergessens, dieses Roboterleben, nicht alles ist!

Oftmals wird das ausgelöst durch persönliche, leidvolle Erlebnisse. Denn solange euer Leben freudvoll dahin plätschert, habt ihr meistens keinen Grund, euch mit dem Sinn des Lebens, mit Gott, Meditation oder anderen Methoden zur Bewusstseinserweiterung zu beschäftigen. Erst dann, wenn ihr unter Druck geratet, fangt ihr für gewöhnlich an zu suchen.

Nun ist es so, dass Gott die Esoterik oder die Spiritualität keineswegs ablehnt. Aber die Kirche lehnt dies ab, weil sie sich davon bedroht fühlt! Wo bleibt sie denn als Mittler, wenn ihr den Kontakt zu Gott direkt in eurer Meditation findet? Gott hat keine Meinung zu dem, was ihr auf irdischer Ebene treibt. Er akzeptiert alles! Es ist euer Spielplatz und ihr dürft Erfahrungen auf unterschiedlichen Gebieten machen. Dieses Universum wurde dafür geschaffen, dass ihr besondere Erfahrungen machen könnt.

Was nun die Bibel betrifft, so gibt es doch kein Buch, was so oft umgeschrieben, missbraucht, verbessert, ausradiert und wieder neu überarbeitet wurde. Das ist das, was wir dazu sagen möchten.

Schutz – ein gefühlter Zustand in euch

Frage:

Viele von uns arbeiten energetisch oder auch therapeutisch mit anderen Menschen. Ich wollte gern wissen, was wir für unseren persönlichen Schutz tun könnten?

Konfuzius

Seid gesegnet, seid in der Liebe, das ist Meister Konfuzius.

Nun, meine Lieben, das kommt ganz darauf an, wie weit ihr selbst in eurer inneren Stabilität, in eurer Entwicklung vorangeschritten seid. Das ist ein wesentlicher Punkt! Eine Person, die beispielsweise im Zyklus der Alten Seele ist, die muss überhaupt nichts mehr tun für ihren Schutz, denn sie hat ihn so integriert, dass sie mit jeder Situation, mit allem, was da kommt, umgehen kann. Sie bestellt sich Unterstützung von der Meister- oder Erzengelebene und arbeitet in ihrer natürlichen Autorität.

Eine andere Person, die vielleicht noch in der Phase der Reifen Seele ist, sie hat selber an sich gearbeitet, aber da gibt es noch bestimmte Unsicherheiten. Für diese wäre es sinnvoll, dass sie etwas tut. Und ihr könnt euch, wenn ihr mit Menschen energetisch arbeitet oder wenn Klienten zu euch kommen, persönlichen Schutz von Erzengel Michael bestellen und euch in sein blaues Licht einhüllen. Ihr könnt auch energetische Unterstützung für eure Arbeit aus den Lichtebenen anfordern. Das machen sehr viele, die auf therapeutischem Gebiet arbeiten.

Meine Lieben, es gibt da verschiedene Punkte eurer Eigenarbeit und diese bestimmen darüber, wie sicher ihr seid im Umgang mit den Anforderungen, die Klienten an euch stellen, und das hat wiederum Einfluss darauf, wie viel Schutz ihr persönlich benötigt. Wie gesagt, solange ihr unsicher seid und euch schützen möchtet, könnt ihr euch verbinden mit der feinstofflichen Ebene.

Aber letztendlich sind es in der Hauptsache zwei Dinge, die euch glauben lassen, dass ihr Schutz benötigt:

Entweder ihr fühlt euch selbst nicht sicher im Umgang mit einer Person, die da zu euch kommt. Es könnte sein, dass es jemand ist, der euch eine Leidensgeschichte erzählt, die ihr zum Teil aus eurem eigenen Leben kennt, und je nachdem, ob eure eigene Vergangenheit bearbeitet ist oder auch nicht, könnt ihr damit umgehen oder es fällt euch zunehmend schwer. Deswegen ist es wichtig, dass gerade Therapeuten oder Menschen, die mit anderen Personen energetisch arbeiten, ihre eigene Vergangenheit aufgearbeitet haben. Dazu kann es auch gehören, dass ihr bei eurer eigenen Aufarbeitung in Tränen ausbrecht. Wenn ihr also aufgrund eurer eigenen Erfahrung Tränen als etwas Natürliches annehmen könnt, dann werdet ihr auch später nicht in Panik geraten, wenn jemand in euren Räumen plötzlich irgendetwas nach oben bringt und zu weinen beginnt und seine Situation erzählt. Ihr geratet nur dann in Panik, wenn ihr glaubt, ihr müsstet schnell irgendetwas bewerkstelligen, aber das ist in diesem Stadium nicht der Fall. Was diese Person im Moment braucht, ist ein Mensch, der bereit ist, ihr zuzuhören, der bereit ist, ihr eine Hand zu reichen, und vielleicht ist das Einzige, was sie in diesem Moment hören möchte: „Du bist nicht allein mit diesem Thema, was dich belastet. Es gibt andere Menschen, die haben Ähnliches erlebt, und auch ich kenne aus meiner Vergangenheit ähnliche Erfahrungen."

Meine Lieben, wenn ihr eine schulmedizinische therapeutische Ausbildung macht, dann wird euch oftmals vermittelt, dass ihr euch selbst bedeckt halten sollt, dass ihr euch selbst zurücknehmt und als neutrale Person mit Abstand neben diesen Menschen steht, die da zu euch kommen. Aber letztendlich ist es so, dass eure eigene Öffnung – und das heißt nicht, dass ihr zusammen mit dieser Person, die bei euch Hilfe sucht, in Tränen ausbrechen solltet, das ist nicht gemeint! – hilfreicher ist, wenn ihr dieser Person vermitteln könnt, es gibt andere, die haben Ähnliches erlebt und die haben es auch geschafft. Das ist in diesem Moment ein wichtiger Impuls!

Was wir aufzeigen möchten, ist, dass ihr euch mit dem Menschen, der da zu euch kommt, oft überfordert fühlt, weil ihr glaubt, ihr müsstet schnell mit Siebenmeilenstiefeln diesen Prozess aufarbeiten und auf eine Lösung drängen. Es geht aber in diesem Moment gar nicht um eine Lösung, es geht um eine Hand, die da ist und die dem anderen vermittelt: Ich bin ruhig, ich kann dich annehmen, und es ist vollkommen in Ordnung. Sprich, erzähle, was dich belastet!

Und in diesem Moment geht es nur ums Zuhören.

Es ist wichtig, dass ihr diesen Punkt beachtet, dass ihr euch nicht unter Leistungsdruck setzt oder dass ihr euch nicht derart impft, indem ihr euch innerlich sagt: Ich kann mit dieser Situation nicht umgehen, sie belastet mich, sie zieht mich herunter. Dann geht ihr in die Bewertung! Und ihr könntet dabei in Versuchung geraten, die Erlebnisse der Person als dramatische und göttliche Ungerechtigkeit einzustufen.

Aus dieser Betrachtung kommt ihr heraus, wenn ihr um die geistigen Gesetze wisst!

Nichts, absolut nichts, was einem Menschen auf Erden widerfährt, geschieht zufällig oder willkürlich!

Das Zweite, was ebenso wichtig ist, ist die mögliche Überforderung durch zuviel Energiearbeit. Wie viele Personen kommen da an einem Tag zu euch? Ihr solltet für euch selbst herausfinden, wie viel energetische Arbeit euch gut tut und mit wie vielen Menschen ihr an einem Tag arbeiten könnt. Es geht nicht darum, dass ihr da irgendwelche Rekorde brecht und uns oder euch selbst beweisen möchtet, wie gut ihr doch seid, wie hilfsbereit und so weiter. Meine Lieben, das ist Selbstüberschätzung, und es geht um eine klare Selbsteinschätzung, wie viel von dieser Arbeit euch gut tut.

Ihr solltet schauen, wie viel Arbeit euch Spaß macht, wie lange ihr konzentriert seid und ab wann eure Konzentration nachlässt? Das ist wichtig!

Das eine ist, dass ihr euch nicht selbst einredet, ihr könntet mit Situationen nicht umgehen! Das ist sozusagen ein innerer Dialog, der in euch stattfindet. Und wenn ihr euch selbst suggeriert, dass da diese oder jene Person kommt, die so ein katastrophales Leben hat, dass euch schon ganz schwindelig ist und ihr nicht wisst, ob dieser Person irgend jemand auf Erden helfen könnte, dann seid ihr nicht in der Energie zu helfen! Und dann solltet ihr offen sagen: „Schau dich bitte nach einer anderen Möglichkeit um." Ihr müsst nicht für jede Person da sein!

Meine Lieben, das ist es, was darüber bestimmt, ob ihr in eurer Mitte bleibt und ob ihr mit der Situation umgehen könnt und wie viel energetische Arbeit von euch bewältigt werden kann. Brecht dabei keine Rekorde. Es geht um eure innere Balance, um eure Ausgeglichenheit.

Es wäre auch noch sehr günstig, wenn ihr beispielsweise eine Freundin, einen Freund hättet, der vielleicht auf ähnlichem Gebiet arbeitet wie ihr und mit dem ihr euch neutral austauschen könnt über die Fälle, die euch Kopfzerbrechen machen. Und dann tauscht euch aus! Manchmal ist es so, dass eine andere Person einen anderen Blickwinkel hat und nur einen Satz sagt, und auf einmal versteht ihr oder fühlt euch bestätigt in dem, was ihr selbst schon erkannt habt.

Meine Lieben, in dem Moment, wo ihr total in eurer Mitte seid, wo ihr eure innere Stabilität halten und mit den Situationen umgehen könnt, wird Schutz mehr und mehr überflüssig!

Fragen zum Thema

Frage:

Es gibt doch aber auch negative Energie oder Geister im feinstofflichen Bereich, die mit schwarzer Magie arbeiten!

Nun, meine Liebe, es ist so, es gibt Kräfte im feinstofflichen Bereich, und diese kommen ebenfalls aus der göttlichen Quelle, aus dem Licht. Das sind Seelen, die aus irgendwelchen Gründen nicht in den jenseitigen Bereich zurückfinden, beziehungsweise nicht bereit sind, ins Licht zu gehen.

Es ist nicht so, dass jemand willentlich oder durch irgendeine Macht ausgesperrt wird. Jeder hat, wenn er stirbt, den Zugang zum Licht und wird auch liebevoll aufgenommen. Zurückgebliebene Seelen sind aus eigener Wahl geblieben.

Manchmal wird euch das Bild vermittelt, dass es arme, unwissende Seelen sind, aber sie wissen um das Licht, sie wissen um den Übergang. Die Gründe, warum sie zurückbleiben, sind im Allgemeinen, dass sie Angst haben vor irgendeiner Bestrafung, und der möchten sie entgehen, indem sie hier bleiben, was natürlich eine vollkommene Fehlannahme ist. Jeder wird in Liebe aufgenommen! Es wird niemand bestraft, wenn er ins Licht geht!

Seelen, die zurückgeblieben sind, wissen nur so viel, dass sie eine Seele haben und ein Leben hinter sich gebracht haben, haben aber nicht den Totalüberblick über ihren Inkarnationszyklus. Sie wissen, dass sie weiter existieren, aber sie wissen viele andere Dinge nicht, und das sind die Geister, die ihr dann als negative Energien wahrnehmen könnt.

Sie rotten sich in kleinen Gruppen zusammen, und da sie nichts Sinnvolles zu tun haben, versuchen sie meistens Menschen, die Zugang zum feinstofflichen Bereich haben, zu erschrecken oder auf sich aufmerksam zu machen.

Meine Lieben, zuweilen kann das jemanden, der auf der Suche ist nach Spiritualität und nach seiner persönlichen Mitte, erst einmal ziemlich durcheinanderbringen, wenn er da irgendetwas empfängt von einer Seele, die vielleicht keine andere Absicht hat, als ihn zu erschrecken oder zu schockieren. Das ist zumeist die Absicht.

Eure geistigen Führer sind an eurer Seite, und sie werden alles tun, um diese Energien von euch fernzuhalten. Aber wichtig ist, dass ihr lernt, damit richtig umzugehen, dass ihr euch nicht aufreibt wegen irgend so einem Ereignis, das da mal stattgefunden hat.

Es ist so, meine Lieben, zwei Reaktionen machen euch angreifbar: Wenn ihr in die Opfermentalität geht und leidet, wenn ihr euer Unverständnis ausdrückt und euch ungerecht behandelt fühlt. Dann erzeugt ihr in euch Angst! Der andere Part ist, dass ihr dagegen ankämpft! Ihr zieht in die Schlacht gegen diese negativen Kräfte, sucht krampfhaft nach der perfekten Formel, um sie abzuwehren. Ihr handelt aus Angst! In beiden Fällen seid ihr offen und empfänglich. Ihr verhaltet euch polar und werdet damit angreifbar.

Vollkommen geschützt seid ihr, wenn ihr in eurer göttlichen Kraft seid! In der göttlichen Kraft bedeutet: Ihr seid euch in diesem Moment eurer göttlichen Unversehrtheit und Ausstrahlung bewusst. Ihr sagt euch: „Ich bin ein gigantisches göttliches Wesen!" und fühlt es auch! Erschafft in euch einen königlichen Zustand, setzt eine Siegermiene auf und strahlt die Welt an! Fühlt euch, als hättet ihr soeben euren königlichen Thron bestiegen!

Wisst ihr, was in diesem Zustand geschieht? Euer Energiefeld beginnt zu strahlen! Ihr sendet Licht und Strahlkraft in eure Aura! Ihr bekommt das Charisma eines gigantischen Schöpfergottes! Ihr leuchtet so sehr, dass diese Scherzkekse denken: „Das muss irgend so ein blöder Übergang in den jenseitigen Bereich sein! Oder irgendein ganz gewaltiger Lichtführer. Mit dem legen wir uns nicht an. Nur schnell weg!"

Ihr seid sie innerhalb von drei Sekunden los!

Ihr neigt dazu, euch Schutzamulette zu bestellen, die euch gefälligst vor solchen Querelen beschützen sollen. Ihr neigt dazu, euer Haus zu reinigen, euch teure Geräte anzuschaffen, um diese Energien fernzuhalten.

Haltet ihr dieses Vorgehen für eines Schöpfergottes würdig? Das ist Machtabgabe! Das ist gelebte Opfermentalität!

Meine Lieben, macht euch nicht allzu viele Sorgen, lasst die alten Erfahrungen los, arbeitet an euch selbst, richtet euch aus auf Lichtenergien. Das ist wichtig! Und wenn ihr lernen möchtet, wie ihr optimal geschützt seid, dann ruft euch Erzengel Michael oder Meister El

Morya, die bringen euch Schritt für Schritt bei, wie ihr diesen göttlichen Zustand der Neutralität in euch erschafft, und damit seid ihr im vollkommenen Schutz! Das ist das, was wir dazu sagen möchten.

Frage:

Ich habe zurzeit zum Glück viele liebe Menschen um mich. Ich kenne außerdem noch drei Leute, die auch an Reinkarnation glauben. Mir macht es aber sehr zu schaffen, dass die Leute, die ich aus tiefstem Herzen liebe, sich so stur dagegen wehren. Meine Eltern und mein Mann stellen mich fast als Spinnerin hin. Ich möchte ihnen damit jedoch Gutes tun, da ich nicht möchte, dass sie alles so trist und hoffnungslos sehen. Warum weigern sich so viele Menschen, an ein Weiterleben zu glauben?

Konfuzius

Wir möchten es so beantworten: Es ist nicht eure Aufgabe, andere Menschen zu missionieren. Wichtig ist, dass ihr euch nicht vorschreiben lasst – auch nicht vom Partner oder der eigenen Familie –, womit ihr euch zu beschäftigen habt. Es darf nicht soweit gehen, dass ihr euch die Spiritualität rauben lasst. Denn damit würdet ihr eure eigene seelische Entwicklung bremsen. Ihr würdet euch für einen anderen Menschen verbiegen und das führt sehr rasch zu Frust und Kämpfen.

Es ist so, meine Liebe, es gibt in der spirituellen Szene einige Menschen, die die Anbindung zur Realität verloren haben. Das kommt zuweilen bei diesen spirituellen Entfaltungen vor. Wenn eine Seele in irgendeiner Inkarnation erlebt hat, wie sie sich auf spirituellem Gebiet verrannte und mit negativen Kräften in Verbindung kam, ob nun in Form einer dogmatischen Sekte oder manipulativen Geistwesen, dann hat sie etwas erlebt, was für sie dramatisch war. Und jeder, der eine solche Erfahrung gemacht hat, hat in seinem Zellbewusstsein abgespeichert, dass Spiritualität mit leidvollen Erfahrungen verbunden ist! Mit einer Gefahr für Geist und Seele!

Diese Personen werden mit hoher Wahrscheinlichkeit die Schwingungserhöhung auf andere Art und Weise verarbeiten. Sie werden möglicherweise über Mentaltraining, über die Psyche dahin kommen, dass sie letztendlich in sich die Vermutung oder auch Gewissheit spüren, dass sie eine Seele haben. Aber ihr könnt nicht von jedem Menschen erwarten, dass er sich für Spiritualität begeistert.

Im Umgang mit deinen Mitmenschen möchten wir dir ans Herz legen, dass du deinen Standpunkt weiter in Ruhe vertrittst, Diskussionen jedoch vermeidest. Es ist nicht deine Aufgabe, andere Menschen zur Spiritualität zu führen. Es werden die dazu kommen, die jetzt dafür reif sind. Die Anderen werden es auf andere Art und Weise mitbekommen.

Die Erde im Reinigungsprozess

Kuthumi

Nun, meine Lieben, viele von euch interessieren sich sehr für diesen Aufstieg der Erde, für das, was momentan abläuft, und einigen macht es auch Angst, wenn sie erfahren, dass es da beispielsweise in China ein großes Erdbeben gegeben hat, dass es in anderen Ländern Überschwemmungen gibt oder auch Feuersbrünste, Vulkanausbrüche und dergleichen mehr.

Meine Lieben, lasst euch nicht verunsichern. Was wir euch dazu sagen können, ist Folgendes: In den Regionen, in denen sehr gegen die Natur gearbeitet wird und die Erde ungeheuer verunreinigt wurde, und dieses geschieht zuweilen innerhalb weniger Jahre, da könnte es vorkommen, dass sich die Erde mit bestimmten Aktionen Befreiung verschafft, dass sie ihre Kraft zeigt, ihre Stärke und dass sie die Menschen wachrüttelt.

Es gibt noch andere Gründe, die ebenfalls anziehend für Naturkatastrophen sind: zum Beispiel, wenn die Bevölkerung stark unterdrückt wird und ein hohes Potenzial an Unzufriedenheit, Armut und Leid herrscht, da erschafft sich ein Klima, was magisch Katastrophen anzieht.

Meine Lieben, ihr alle habt so etwas wie ein inneres Schutzpotenzial. Wenn ihr in eurer Mitte seid, wenn ihr euren Weg geht, dann seid ihr auch auf natürliche Weise geschützt. Ihr kommt nicht plötzlich irgendwohin, wo neben euch ein Vulkan ausbricht oder unter euren Füßen die Erde bebt. So etwas geschieht nur dann, wenn eure Seele eine Resonanz zu diesem Geschehen hat und wenn sie dabei etwas lernen möchte, wenn sie wachgerüttelt werden oder wenn sie diesen Planeten verlassen möchte, dann seid ihr empfänglich für derartige Situationen.

Fragen zum Thema

Frage:

Bezüglich des Klimawandels wird ja immer davon gesprochen, dass die Gletscher abschmelzen und die Polkappen. Viele Menschen machen sich Sorgen, dass bestimmte Gebiete überschwemmt werden. Was sagt die geistige Welt dazu?

Kuthumi

Bei den veränderten Energien, die zurzeit auf den Planeten Erde einströmen, geht es darum, dass ihr Entwicklungsschritte tut, dass ihr euch heraus bewegt aus der Dualität und mehr in die Einheit kommt. Und woran, glaubt ihr, erkennt ein Außerirdischer einen polaren, etwas rückständigen Planeten, der noch sehr mit der Dualität verhaftet ist? An zwei ausgeprägten Polkappen! Ein Planet, der sich weiterentwickelt hat, der eine gewisse Ganzheitlichkeit entwickelt hat, besitzt wesentlich geringer ausgeprägte Polkappen.

Das bedeutet, dass das Schmelzen der Polkappen mit in diesen Plan hineingehört! Es ist so, dass sich dadurch die Wasserverhältnisse auf eurem Planeten leicht verändern werden. Euer Festland, euer Boden ist in dem Sinne nicht so stabil und bewegungslos, wie ihr das auf euren Landkarten festgeschrieben habt. Es gibt auch da Eruptionen und Geländeverwerfungen, die ständig stattfinden.

Durch das Abschmelzen der Polkappen fließt mehr Wasser in die Meere. Dadurch geschieht des Weiteren eine Erwärmung in bestimmten Gebieten, klimatische Veränderungen gehen damit einher. Wir können jetzt nicht eine Bedrohung in den Ausmaßen wahrnehmen, wie es beispielsweise von euren Wissenschaftlern dokumentiert wird. Das sind Übertreibungen, die so nicht stattfinden werden! Beantwortet das die Frage?

Antwort:

Ja. Das heißt – ich komme aus Norddeutschland –, also brauchen wir Norddeutschen keine Angst zu haben, dass jetzt das komplette norddeutsche Flachland unter Wasser kommt bis zum Harz und alles, was überm Harz liegt, ist trocken?

Kuthumi

Meine Liebe, wenn dein Haus unmittelbar an der Küste steht, dann könnte sich der Wasserspiegel insofern verändern, dass sich der Strand etwas nach hinten verlagert, aber nicht weiter als euer Gezeitenwechsel das hervorbringt.

Frage:

Das heißt, die norddeutschen Inseln werden auch nicht überflutet werden?

Kuthumi

Wenn sie bei Flut nicht unter Wasser stehen, nicht!

Frage:

Ich habe gelesen, dass es vom Nordpol keine Fotos gibt und das sei deshalb so, weil sich dort ein geheimer Eingang in die Innererde befindet und in der Innererde auch Menschen leben. Könnt ihr dazu etwas sagen?

Kuthumi

Seid gesegnet, seid in der Liebe, das ist Meister Kuthumi.

Nun, meine Lieben, ganz korrekt ist das nicht. Eine bestimmte Gruppe Menschen, die eine ganz spezielle Theorie verfolgt, ist der

Meinung, dass am Nordpol ein Geheimnis begraben liegt, und dieses Geheimnis hüllen sie ein in Wolken und Nebel.

Meine Lieben, aber es gibt auch andere Tatsachen: Es gibt sehr wohl Bilder vom Nordpol, die beispielsweise auch von Satteliten übertragen werden. Ihr habt ein weltweit vernetztes Sattelitensystem und ihr könnt heute in jedes Land per Computer hineinschauen. Ihr könnt euch anschauen, welche Bauten in anderen Städten, welche Straßen, welche Flughäfen wo sind, und das alles geht über das Computerprogramm „Earth“.

Meine Lieben, da könnt ihr auch den Nordpol sehen, und zwar ohne dass er eingehüllt ist in irgendwelche Wolken. Was ihr dabei seht, ist eine weiße Fläche, die verschiedene Berge und Unebenheiten hat. Da gibt es auch Stellen, wo Vegetation durchkommt und so etwas wie Felsen sichtbar werden.

Aber was ihr nicht finden werdet, ist ein geheimer Eingang in eine sogenannte Innererde. Das ist eine Vorstellung, die aufgrund eines Sciencefictionromans, welcher im letzten Jahrhundert Verbreitung gefunden hat, entstanden ist.

Meine Lieben, wir können nicht bestätigen, dass es so etwas wie eine bewohnte Innererde gibt oder einen speziellen Eingang, der auf dem Nordpol versteckt wird. Das können wir nicht bestätigen!

Meine Lieben, oftmals werden bei euch Behauptungen aufgestellt und manchmal sind diese auch richtig, aber nicht immer! Hört auf euer Bauchgefühl. Spürt in euch hinein. In eurem Inneren könnt ihr erfassen, was wahr ist und wo irgendwelche Eskapaden getrieben werden, die sich vielleicht andere Menschen erdacht haben.

Frage:

Die Erde wird bis 2012 in der fünften Dimension sein. Ich habe außerdem vom Ashtar-Kommando gehört, dass sich die Erde reinigen muss. Die außerirdischen Helfer würden die Menschheit evakuieren, ins Innere der Erde zum Teil oder die Wesenheiten, die nicht aus der dritten

Dimension rausgekommen sind, auf andere entsprechende Planeten. Ist das noch so gedacht oder hat sich da etwas geändert?

Konfuzius

Meine Liebe, du solltest etwas ganz, ganz Wesentliches unterscheiden lernen: Es gibt Aussagen, die sind gekennzeichnet von Angst und Zweifeln, dass dieser Aufstieg überhaupt zustande kommt, und von der Angst, was dabei alles passieren könnte. Und wir können dir garantieren, dass diese Aussagen aus irgendeinem Grund nicht ganz korrekt bei euch angekommen sind. Die Gründe, warum das so ist, möchten wir jetzt nicht analysieren. Es gibt immer wieder Visionen, die euch ein Bild vermitteln, was alles Grauenvolles auf euch zukommen könnte, und wir möchten diese Vorstellungen nicht unterstützen!

Es ist so, im Jahr 2012 wird die Erde den fünfdimensionalen Schwingungsrahmen erreicht haben. Und die Erde befindet sich in einem Reinigungsprozess. Das seht ihr an euren Unwettern, die auf diesem Planeten in der Natur geschehen. Das ist der Reinigungsprozess der Erde. Und es ist auch wahr, dass ihr von Außerirdischen unterstützt werdet. Manche tun es aus Liebe, weil sie eurem Planeten, eurer Realitätsebene ins Licht helfen möchten. Das geschieht aus dem feinstofflichen Bereich. Und auf der anderen Seite gibt es aber auch den Bereich der Dualität, wo Planeten über Raumschiffe verfügen, und von dort bekommt ihr manchmal angstvolle Botschaften vermittelt. Prüft mit eurem Herzen, was aus der Ebene der Einheit und Liebe stammt und was ihr annehmen möchtet!

Frage:

Ich sorge mich um die Erde. Sie wird ja durch diesen Aufstieg ganz gewaltig durchgeschüttelt. Oder wie seht ihr das?

Die Erde befindet sich genau wie ihr in diesem Aufstieg, und die Erde sehnt diesen Aufstieg herbei. Ihr tut es gut, wenn das Bewusstsein, welches sie trägt, und sie selbst durchlichtet werden, dass sie sozusagen in feinere Sphären hinaufgleitet. Diese Erfahrung ist für sie sehr, sehr wohltuend, denn sie kommt damit aus der Dunkelheit heraus. Das Planetenbewusstsein besitzt auch kein Ego, was in der Lage wäre, das Geschehen zu bewerten. Die Erde denkt nicht: „Ach, wie schrecklich, jetzt habe ich schon wieder eine Überschwemmung und dort drüben brennt es!" So denken Menschen!

Die Erde befindet sich in einem Prozess, der voranschreitet und von dem sie weiß und spürt, dass es letztendlich ein wertvoller Prozess ist. Das z. B. diese lieben Kinderlein, die wie Ameisen auf ihr herumlaufen, dass diese auch mit durchgeschüttelt werden und sich zwangsläufig dabei verändern müssen.

Natürlich ist dieser Prozess noch im Gange und noch nicht abgeschlossen, aber wir können dir versichern, dass die Erde sich freut über diesen Aufstieg und die damit einhergehenden Veränderungen, auch wenn ihr jetzt wahrnehmt, dass die äußeren Bedingungen, und so wie es von euch mitunter bewertet wird, dass diese vielleicht bedrohlich erscheinen.

Wenn ihr stabil in der 5. Dimension seid, dann ist dieser intensive Reinigungsprozess vorüber und es kehrt in gewisser Weise so eine Art Stabilität ein. Aber diese wird nicht schlagartig über Nacht kommen. Ihr werdet auch an dem arbeiten dürfen, was ihr umweltmäßig versäumt und zum Negativen verändert habt. Aber auch dafür wird es dann Möglichkeiten geben, die heute noch nicht alle vorhanden sind.

Meine Lieben, geht liebevoll mit der Erde um, erfreut euch an diesem Planeten und macht euch keine übermäßigen Sorgen über die Veränderungen, die momentan stattfinden. Ihr befindet euch mit der Erde zusammen auf einem Ritt durch das Universum, und dabei geht es manchmal etwas turbulent zu, und das spiegeln auch die Erde wider sowie die Menschen, die zurzeit hier sind. Euer

Bewusstsein, eure Ausrichtung sind sehr wesentlich daran beteiligt, welche Naturereignisse in einem Land geschehen.

Frage:

Lieber Konfuzius, ist das Erwachen der neuen Erde mit einem Polsprung verbunden?

Konfuzius

Meine Liebe, es wird aus unserer Sicht keinen Polsprung geben! Es ist auch so, dass niemand von euch einen Polsprung überleben würde, das wäre sozusagen das Ende der Zeit, und damit würde keinerlei menschliches Leben auf der Erde verbleiben und dieses sehen wir nicht als manifeste Möglichkeit. Sondern wir sehen einen geradlinigen, mit verschiedenen Problematiken gewürzten Aufstieg, und das ist vollkommen normal, meine Lieben. Lasst euch nicht hinreißen von Angst, geht in eure Stärke, das bringt euch viel, viel weiter.

Wenn sich die Erde dem Prozess des Aufstieges widersetzen würde, gäbe es keine Überschwemmungen, Feuersbrünste, Erdbeben und Vulkanausbrüche. Das alles sind Zeichen, dass die Erde die Veränderungen aufnimmt. Täte sie es nicht, würde fürwahr die Gefahr eines Polsprungs bestehen. Aber der Planet reagiert heftig auf die Schwingungserhöhungen und integriert sie damit.

Ein Polsprung ist eine Option des Planeten Erde – so etwas wie ein Notfallprogramm, welches dann greift, wenn ihr den Planeten zerstören würdet. In diesem Fall würde die Erde die Pole umkippen, das heißt, der Nordpol wäre dort, wo jetzt der Südpol ist, und der Planet würde dann eine Regenerationsphase durchlaufen ohne menschliches Leben. Mit anderen Worten, die Erde ist von Menschen nicht zerstörbar! Aus unserer Sicht habt ihr die Erde strapaziert und geschunden, aber es besteht kein Handlungsbedarf für das Notfallprogramm.

Tiere und Pflanzen

Frage:

Ich habe eine ganz kurze allgemeine Frage: Ich würde gerne wissen, ob Pflanzen Schmerzen spüren können? Man sagt, sie haben kein vegetatives Nervensystem. Ich möchte das kurz von der geistigen Welt in einem Satz, wenn möglich.

Konfuzius

Meine Liebe, es ist nicht unsere Art, in einem Satz zu antworten. Gut. Also, Pflanzen haben eine andere Wahrnehmung als Tiere oder Menschen, da gibt es ein unterschiedliches Potenzial. Eine Pflanze ruht sozusagen energetisch im Boden, sie ist verbunden mit dem morphogenetischen Feld der Erde und sie strahlt und entfaltet sich zur Sonne. Und diese Sonne ist für sie so etwas wie Gott. Sie tankt diese Energie und hat so eine Art innewohnendes Entwicklungsprogramm, wie sie sich aus der dunklen Erde heraus arbeitet und wie sie sich der Sonne hingibt und welche Bedürfnisse sie hat.

Pflanzen stehen untereinander auch im Austausch. Nun fragst du nach Schmerzen. Eure Pflanzen können aufgrund dieses untereinander verbundenen Kommunikationssystems so etwas wie Angst oder Panik empfinden und das geschieht beispielsweise, wenn ein Baum gefällt wird. Dann könnten die Nachbarbäume deswegen in Aufregung geraten. Und das wirkt sich aus auf ihre Schwingung. Ein Schmerzbewusstsein haben Pflanzen nicht, aber sie können klar unterscheiden, wer es gut mit ihnen meint und welche Personen oder Tiere Gefahr bedeuten. Sie empfangen aufgrund dieses kollektiven Verbunds von anderen Pflanzen Empfindungen, was sich da nähert. Das ist das, was wir gegenwärtig dazu sagen können.

Frage:

Ich grüße dich, lieber Meister Kuthumi. Ich habe eine allgemeine Frage: Bisher habe ich immer gedacht, man kann als Mensch immer nur als Mensch inkarnieren, und jetzt habe ich neulich von Menschen gehört, die sich als Tier gesehen haben oder als Blume, könntest du dazu etwas sagen?

Kuthumi

Meine Liebe, in dem Moment, in dem du die Quelle verlässt, legst du fest, als welche Art von Bewusstsein du existieren möchtest. Und da du jetzt momentan in einem menschlichen individuellen Körper bist, kannst du keine Inkarnationserfahrung als Tier oder als Pflanze machen. Allerdings kannst du, wenn du das möchtest, während du dich im feinstofflichen Bereich aufhältst, sozusagen zwischen den Inkarnationen, da könntest du mit einem Tier in Kontakt treten und könntest es fragen, ob du einmal in sein Bewusstsein eintreten darfst? Das ist so ähnlich, wie wenn ihr auf irdischer Ebene Karussell fahrt oder auch Auto. Aber ihr wisst ganz sicher, dass ihr nicht das Karussell oder das Auto seid. Und so gehst du, nachdem du diese kurze Erfahrung gemacht hast, die vielleicht nur einige Momente dauert, wieder hinaus und fragst vielleicht einen Baum, ob du dich einfühlen kannst in sein Energiefeld, um zu spüren, wie es sich anfühlt, ein Baum zu sein. Aber du wirst auch diesen Baum wieder verlassen. Es ist so, meine Liebe: Dieser Wechsel zwischen den verschiedenen Seelen-Gattungen ist nicht möglich. Es hat in eurer Vergangenheit Experimente gegeben, um verschiedene Gattungen miteinander zu mischen. Auf Atlantis wurde damit experimentiert. Aber diese Mischformen waren immer nur für ein Leben existent, und nach diesem Leben, in welchem sie nicht zeugungsfähig waren, gingen die Seelen wieder auseinander. Verstehst du die Antwort?

Antwort:

Ja. Ich hätte jetzt noch eine Frage: In der Zeit, wo man dann diese Erfahrungen macht in einem Tier oder in einer Pflanze, da sind dann praktisch die Tier- bzw. Pflanzenseele und meine Seele zusammen?

Kuthumi

Ja. Das ist aber so ähnlich wie Wasser und Öl. Du benutzt in diesem Moment den gleichen Raum und du spürst, wie es sich anfühlt. Aber du gehst wieder hinaus.

Frage:

Ich habe eine Frage, die mehr allgemeiner Natur ist. Und zwar hört man immer wieder, dass in Australien oder Neuseeland ganz viele Wale plötzlich an Land, an den Strand schwimmen und dann dort verenden. Und unsere Wissenschaft kann sich das nicht genau erklären, und ich wollte einfach mal eine Erklärung dafür haben, wie das aus eurer Sicht aussieht oder was sie uns damit zeigen wollen?

Kuthumi

Meine Liebe, wir möchten dir die Frage folgendermaßen beantworten: Euer Planet besitzt tektonische Platten, das sind Erdplatten, die aneinander stoßen und sich auch gelegentlich reiben. Und es gibt Gebiete auf dieser Erde, die ganz besonders beeinflusst sind von unterirdischen Reaktionen dieser Erdplatten.

Und jetzt habt ihr aufgrund der Flutkatastrophen ein Frühwarnsystem für Erd- oder Seebeben, also unterirdische Mess- und Alarmsysteme, eingerichtet. Diese befinden sich teilweise unter Wasser.

Dabei werden einmal wertvolle Informationen weitergegeben an betroffene Gebiete, damit die Verantwortlichen etwas tun können, wenn sich ein Tsunami ankündigt. Auf der anderen Seite bringen diese unterirdischen Messgeräte auch Störlaute hervor, und Tiere, damit meinen wir die Meeressäugetiere, verfügen über so etwas wie ein inneres Navigationssystem. Sie tauschen sich aus über Töne und Schwingungen. Manchmal werden von diesen unterirdischen Messgeräten Töne und Schallwellen erzeugt, die sich für Wale oder auch Delphine so anhören, als ob sich dort eine Herde Gleichgesinnter bewegte, und sie schwimmen dann möglicherweise in eine Richtung, wo sie zu spät erkennen, dass sie in flache Gewässer kommen und sich dort nicht mehr herausfinden. Sie werden davon desorientiert! Zumindest ist es momentan so! Das Bewusstsein der Wale oder anderer Tiere wird aber in der Zukunft unterscheiden lernen zwischen künstlichen Schallwellen und solchen ihrer Artgenossen! Es ist eine vorübergehende Desorientierung!

Frage:

Ich möchte wissen, ob Tiere, die dem Menschen als Nahrung dienen, die also geschlachtet werden, ob die sich in ihrer Inkarnation dazu bereit erklärt haben, dieses Schicksal zu ertragen?

Konfuzius

Meine Liebe, ebenso wie ihr euch Möglichkeiten der Inkarnation auswählt, geschieht das auch in einem etwas veränderten Konstrukt mit den Tierseelen. Auch Tierseelen besitzen eine Neugier aufgrund ihrer Erfahrungen in vergangenen Inkarnationen, welche Tierart ihnen erstrebenswert erscheint und was sie einmal ausprobieren möchten! Es sind da bestimmte Neigungen vorhanden und oftmals ist es so, dass ein Tier, welches als Futter für ein anderes Tier dient, sich zuweilen wünscht, dass es in einer anderen Inkarnation doch bitte als das Tier geboren wird, von dem es gefressen wurde. Auch ist es im Tierreich vollkommen normal, dass eine Art der anderen als Nahrung dient.

Aber die Art und Weise, wie der Mensch in Industrieländern in dieser Zeit mit Tieren umgeht, die euch zur Nahrung dienen, ist wenig liebevoll. Diese Entwicklung hat in dem Sinne erst vor ca. 50 Jahren begonnen. Zuvor war das um Einiges anders:

Ein Bauer, der beispielsweise um 1950 herum Kühe besaß, hat sich um diese Tiere gekümmert und sie artgerecht und mit viel Aufmerksamkeit versorgt. Diese Tiere hatten alle einen Namen und gehörten zur Familie. Und ein solches Tier hat sich auch als Schlachttier in dieser Inkarnation wohl gefühlt, weil das Leben, welches es bis zu diesem Zeitpunkt, als es verzehrt wurde, geführt hat, ein lebenswertes Leben war. Im Winter wurde der Stall dick mit Stroh ausgepolstert. Im Frühjahr ging es auf die Weide, es gab eine Badewanne mit Trinkwasser und einen Unterstand für schlechtes Wetter.

Nun haben sich da drastische Veränderungen ergeben. Ihr habt die Landwirtschaft industrialisiert. Es gibt eine Menge unsinniger Vorschriften: Es ist z.B. bedenklich, dass eine Kuh, die auf der Weide steht, eine Mückenlarve im Trinkwasser erwischen könnte, aber es ist dagegen unbedenklich, sie ein Leben lang im Stall zu belassen und mit Chemikalien zu füttern, damit sie an den richtigen Stellen Fleisch ansetzt. Das ist ein Nicht-Anerkennen des Lebensglücks der Tiere, und das hat wiederum Auswirkungen auf das „Produkt" Fleisch.

Nun, es gibt unterschiedliche Entwicklungsrichtungen, wie sich das Ganze verändern könnte. Biologischer Anbau und Kleinbauern haben in der Zukunft eine größere Chance. Und es besteht die Wahrscheinlichkeit, dass ihr zu der Tierhaltung der 50er Jahre zurückkehren werdet. Dann wird es auch verschiedene Seuchen, die jetzt manchmal in solchen größeren Anlagen auftreten, nicht mehr geben. Denn wenn Gruppen von Tieren in größerem Stil von Krankheit befallen werden, dann hat das an erster Stelle seelische Gründe – die Nichtachtung und die Behandlung als eine Nummer, als ein Gegenstand ohne eigene Rechte, das ist das, was sich verändern sollte in eurer Gesellschaft.

Frage:

Wie ist es um die Intelligenz der Haustiere bestellt? Ich habe den Eindruck, dass wir sie unterschätzen. Können sie womöglich unsere Gedanken lesen?

Konfuzius

Meine Liebe, es ist so: Tiere haben einen etwas anderen Verstand als der Mensch. Sie sind Instinkt gesteuert, aber sie sehen zum Beispiel den feinstofflichen Bereich, und wenn du mehrere Tiere hast und ein Tier stirbt, dann haben die anderen Tiere, die dabei waren, sehr wohl wahrgenommen, dass die Seele aus diesem sterbenden Tier austrat. Möglicherweise werden sie noch eine Zeitlang miteinander in Kontakt sein. Es findet da so etwas wie eine Verabschiedung statt. Und was diesen Punkt betrifft, haben sie dem Menschen etwas voraus. Diese Seele kehrt zurück in den Tierseelenteich – das ist der jenseitige Bereich der Tiere. Und einige Tierliebhaber gehen dort besuchsweise ein und aus.

Eure Haustiere, die einen intensiven Kontakt zum Menschen haben, nehmen sehr klar wahr, welche Eigenschaften ihr Besitzer hat, was er zum Beispiel verleugnet, und es könnte sein, dass die Tiere gerade diesen Part intensiv ausleben. Auch werden sie von der Stimmung, die daheim herrscht, involviert. Sie haben ein gutes Einfühlungsvermögen, meist ein besseres als der Mensch, und können auch in Gefahrensituationen zu unglaublichen Hilfeleistungen fähig sein. Ebenso nehmen sie wahr, wenn du beispielsweise planst, mit ihnen „Gassi" zu gehen oder sie zu füttern, das nehmen sie wahr. Sie empfangen dann deine Gedankenbilder und werden möglicherweise vor dir an der Tür oder beim Futternapf stehen. Sie kommunizieren auch mit euch, indem sie zum Beispiel schimpfen oder bestimmte Bemerkungen machen, die dir klarmachen sollen, dass du irgendetwas vergessen hast, das falsche Futter gekauft oder sie raus möchten. Die Tiere können sich auf deutliche Art und Weise mit ihrem Besitzer unterhalten und euch mitteilen, was ihnen am Herzen liegt. Vertraut da eurer eigenen Wahrnehmung!

Politik

Frage:

Ich sorge mich darum, dass Deutschland noch immer keinen Friedensvertrag hat! Müssten wir den nicht endlich bekommen?

Kuthumi

Meine Liebe, wir möchten dir Folgendes dazu sagen: Der Krieg ist schon lange vorüber, und er wurde begonnen von deutschem Boden aus, und dafür habt ihr sehr, sehr viele Jahre schwer bezahlt, das eigene Land aufgebaut und auch Reparationszahlungen an andere Länder geleistet.

Nun ist es so, kollektiv gesehen, war die Energie in Deutschland so beschaffen, dass ihr sehr obrigkeitshörig wart. Eine nicht unwesentliche Zahl eurer Vorfahren ist dem Herrn Baron oder der Frau Gräfin in den erlauchten Hintern gekrochen. Wenn man euch gesagt hat: Jetzt dreimal verbeugen und an dieser Stelle Beifall klatschen, dann habt ihr die gewünschte Prozedur wie kleine, willenlose Marionetten ausgeführt und wart noch stolz, darauf. Ihr habt allem blind vertraut und eure Männer waren auch sehr angetan von militärischem Drill, Uniformen und Orden. Das Wort Zivilist war vor ca. 100 Jahren ein Schimpfwort. Viele Menschen waren bereit, zu etwas „ja" zu sagen, obwohl alles in ihnen „nein" geschrien hat. Das war die kollektive Energie, die zu den Kriegen geführt hat. Die Generation, die dann in den Krieg ziehen durfte, die zur Waffe gerufen wurde und die auch gegangen ist, war mit diesen Eigenschaften behaftet.

In der Zwischenzeit hat sich sehr viel verändert. Ihr habt nach dem Krieg sehr stark erfahren, wie sehr euer Ansehen im Ausland gelitten hatte. Da gab es jahrelange Bekundungen von Feindschaften und die Anschauung, dass man mit Deutschen besser nichts mehr zu tun haben wollte. Das hat dann eine andere Generation erfahren, nämlich die, die selbst unter dem Krieg gelitten hat.

Das hat einen Wandel herbeigeführt, und jetzt sind in Deutschland eher Menschen inkarniert, die sehr mutig sind, die sich vorgenommen haben: Wir tragen dazu bei, dass von unserem Land friedvolle Signale in die ganze Welt ausgesendet werden!

Nun, meine Liebe, der sogenannte Friedensvertrag, von dem du sprichst und den du vermisst, der könnte entweder noch geschrieben werden oder auch nicht. Das Wesentliche ist nicht ein Blatt Papier! Wichtig ist allein eure Einstellung zu diesen ganzen Angelegenheiten. Euer Frieden, eure Bereitschaft für Frieden sind tausendmal wichtiger als irgendein Blatt Papier.

Die Vergangenheit beweist, dass viele, viele Papiere und Pakte, die abgeschlossen wurden zwischen verschiedenen Ländern, immer wieder gebrochen wurden.

Wählen oder nicht

Frage:

Ein großer Teil der Bevölkerung findet sich vom aktuellen politischen System nicht mehr vertreten. Soll ich mich als spiritueller Mensch komplett aus den politischen Machenschaften heraushalten und mir sagen, das geht mich alles nichts an, oder darf ich mich auch offen kritisch äußern?

Kuthumi

Meine Liebe, dich komplett zurückzuziehen, ist der falsche Weg! Das wäre, als ob du den Kopf in den Sand steckst. Du solltest bedenken, dass die Politiker, die du wählst, euer Land in der Welt repräsentieren und auch durch Gesetze und Erlasse euer aller Leben beeinflussen. Gerade dieses Wegschauen ist in der Vergangenheit in Amerika geschehen. Viele Amerikaner fühlten sich nicht mehr vertreten, machtlos, und das hat dafür gesorgt, dass noch einmal Präsident Bush an die Macht kam, weil viele überhaupt nicht wählen gegangen sind. Sie haben diese Gleichgültigkeit recht teuer bezahlt, aber für ihr Erwachen war es wiederum wertvoll!

Es ist so, meine Liebe, vielleicht findest du in Deutschland keine Partei, von der du dich hundertprozentig vertreten siehst. Schau dir an, was deiner Meinung nach wählbare Parteien sind, und dann treffe für dich eine Entscheidung. Es ist so, meine Liebe, die Machtverhältnisse werden sich verändern.

Überall auf dieser Erdkugel gibt es eine große Anzahl Menschen, die enorme Entwicklungsschritte gemacht haben, und die ewig Gestrigen, die am Alten festhalten, verschwinden allmählich aus den Führungspositionen, sodass ein neuer Wind hineinkommen kann. Manchmal können wir beobachten, dass ihr Angst vor diesen Veränderungen habt. Meine Lieben, das ist nicht notwendig! Alles, was kommt, ist letztendlich richtig, auch die Regentschaft von Präsident Bush, den ihr nicht sonderlich geliebt habt, hat letztendlich dazu geführt, dass eine Lawine losgetreten wurde, dass Veränderungen jetzt möglich sind, die mit einem gemäßigteren Präsidenten wahrscheinlich noch einige Jahre auf sich hätten warten lassen, und dafür war es wertvoll. Präsident Bush repräsentierte für euch so gnadenlos die dritte Dimension und ein veraltetes Denken, geprägt von der Devise „Auge um Auge – Zahn um Zahn“, Korruption und Machtmissbrauch, dass ihr die Nase gerümpft und den Kopf geschüttelt habt. Aber es ist gut, dass jetzt die Energie bereitet wird für eine Neue Zeit, für einen Neuen Anfang – für Gegebenheiten, die dem Paralleluniversum mehr gleichen, als das in der Vergangenheit der Fall war.

Meine Liebe, gehe wählen! Schau dir eure Politik an und gib deine Stimme den Personen, denen du am ehesten eine unkomplizierte neue Gangart zutraust!

Frage:

Für mich ist Politik ein Haifischbecken, in dem sich viele der Verantwortlichen nur für ihre eigenen Interessen einsetzen – Diäten erhöhen – und ihren Blick auf die normale Bevölkerung verloren haben. Sind Politiker eigentlich von Natur aus korrupt?

Kuthumi

Meine Liebe, wir möchten Folgendes dazu sagen: Ein junger Mensch, der sich für Politik interessiert, ist oftmals von idealen Vorstellungen beseelt, von dem Wunsch, die Welt zu verbessern! Das ist im Ursprung bei beinah allen Politikerinnen und Politikern der Beweggrund, warum sie sich überhaupt einer Partei anschließen, warum sie danach streben, etwas bewirken zu wollen.

Nun ist es so, dass es bis zum Aufstieg in den Bundestag ein weiter Weg ist, und man muss zuvor einige Hürden nehmen: Lokalpolitik, Landtag und dann kommt vielleicht, wenn man wirklich herausragend ist, der Schritt in den Bundestag. Früher war es häufig so, dass man entweder unter Beweis gestellt hatte, dass man über außergewöhnliche Fähigkeiten und Entscheidungstalent verfügte oder einfach gute Beziehungen hatte. Die Politik war geprägt von „Sandkastenspielen“, persönlicher Bereicherung, gegenseitiger Bloßstellung und Verleumdung und dem Gedanken: Mit wem verbünden wir uns? Vor wem werden wir buckeln, und wo ist es angebracht, Stärke und Größe zu zeigen? Das alles sind Strategien einer sehr dreidimensionalen Politik.

Frage:

Wie kann man diese Sandkastenspiele offen legen, „zerstören“, sodass wirklich produktiv und gut gearbeitet werden könnte? Was für Möglichkeiten würdet ihr da sehen?

Kuthumi

Sie zerschlagen sich von selbst! Früher war es zweitrangig, ob ihr wirklich gute Politiker auf euren Posten hattet: Die Wirtschaft und der Handel funktionierten von alleine, die Schulden waren überschaubar, und in der Außenpolitik habt ihr geschaut: Wie verhalten sich die Länder, mit denen wir durch Pakte verbunden sind?

Und manch einer hat seinen Sitz bis zum Greisenalter festgehalten.

Jetzt findet ein Umbruch statt. Die Parteien verstehen sich untereinander recht schlecht. In der Vergangenheit war es so, dass die Partei nach außen hin eine geschlossene Formation abgegeben hat. Sie haben gegen die gekämpft, die in einem anderen Lager standen, und sie haben ihren eigenen Ikonen nach dem Mund geredet. Heute hat jeder eine eigene Meinung, und das führt zu heftigen Diskussionen im Inneren. Und diese „Kämpfe" sind außerordentlich wichtig, weil dadurch ein Veränderungspotenzial entsteht. Es ist der Boden für neue, unkonventionelle Ideen. Und genau die braucht ihr in den nächsten Jahren!

Also seid nicht schockiert, wenn sich die Parteien im Inneren „hacken". Sie suchen Lösungen für Probleme, die bisher noch nie vorhanden waren, und damit sind sie herausgefordert, neue Wege zu gehen. Und wenn ihr die Äußerungen der Politiker hört, dann wird deutlich, wer noch immer Sandkastenspiele spielt und mit dem Schäufelchen (Parteibuch) haut und bei wem geistige Veränderungen gefruchtet haben. Das sind die Politiker der Zukunft!

Auslandseinsätze

Frage:

Ist es denn aus Sicht der geistigen Welt sinnvoll, wenn eine Regierung Soldaten in Krisengebiete schickt, um sie zu befrieden?

Kuthumi

Nein. Es ist nicht sinnvoll!

Es gibt immer die Möglichkeit für diplomatische Lösungen, und ihr solltet unterscheiden, wo sich kriminelle Elemente austoben oder ob in einem Land Machtkämpfe zwischen einzelnen Gruppierungen stattfinden. Es ist nicht sinnvoll, eine dritte Macht hinzuschicken. Der Frieden bzw. eine Machtveränderung sollten von der landeseigenen Bevölkerung ausgehen. Nur dann ist sie stabil!

Die Bevölkerung eines Landes erzeugt ein Energiefeld, und wenn dieses Energiefeld selbstbewusst und freiheitlich ist, dann haben Diktatoren keine Chance!

Wenn ihr als der Rest der Welt etwas tun möchtet, um ein Land zu befrieden, dann verhindert jede Waffenlieferung, und zwar für beide Seiten! Bisher ist es so, dass ihr schaut, wer ist gut, wer ist böse? Und dann beliefert ihr eine Seite. Natürlich beliefern andere auch die „Bösen". Wenn sie sich dann eine Zeitlang ordentlich bekriegt haben und kein Ultimatum fruchtet, schickt ihr eure unbewaffneten Blauhelme hin. Und am Schluss spendet ihr Geld, um dieses Land wieder aufzubauen. Wenn man das Ganze von außen betrachtet, erscheint es als ganz schön dumm!

Ihr solltet euch stattdessen lieber die Frage stellen: Wer verdient an den Waffenlieferungen? Wer verdient an den Krediten für den Wiederaufbau? Diese Adressen, und zwar auf höchster Ebene – und wir sprechen jetzt nicht von Personen der Öffentlichkeit – verdienen auch an der Banken- und Wirtschaftskrise.

Frage:

Bei den derzeitigen Entwicklungen in Richtung Kontrollstaat frage ich mich, wann die Bürger einen Chip implantiert bekommen, in dem die persönliche Identifikationsnummer hinterlegt ist. Wenn das so gemacht würde, hätte das den Vorteil, dass sich keiner mehr lange verstecken könnte und Verbrecher sehr schnell gefangen würden. Wäre so etwas in der heutigen Welt schon möglich oder überhaupt möglich?

Kuthumi

Nun, meine Liebe, in diesem Dualen Universum gibt es Planeten, wo genau das geschieht. Eine bestimmte Schwingungsebene der Plejaden spielt das durch. Wenn du es live erleben möchtest, müsstest du dort inkarnieren! Also, das sind keineswegs Fantasien, die ihr euch aus den Fingern gesogen habt. Es sind Informationen von einem anderen Planeten, auf dem es üblich ist, dass jedes Baby einen Chip eingesetzt bekommt und damit die perfekte Kontrolle angestrebt wird. Das gibt es! Aber auch die Plejadier werden irgendwann aufmüpfig, sie operieren sich dann diese Chips wieder heraus und schicken sie massenweise an ihre Regierung und damit ist die ganze schöne Kontrolle dahin! Meine Liebe, eure Seele wird letztendlich immer die Freiheit anstreben!

Nun fragst du, was mit dem Planeten Erde ist? Nun, bisher sind derartige Entwicklungen nicht verbreitet. Ihr habt andere Möglichkeiten der Kontrolle. Die meisten Menschen sind zum Beispiel über ihr Handy ausfindig zu machen. Und es gibt noch verschiedene andere Möglichkeiten: zum Beispiel ist das Einloggen ins Internet zurückverfolgbar ebenso eure Navigationsgeräte. Also, es gäbe genügend Möglichkeiten, die auch zum Teil schon genutzt werden, um Menschen aufzuspüren und zu wissen, wo sich jemand aufhält. Und wenn es sich um Verbrecher handelt, ist das auch durchaus hilfreich.

Frage:

Also könnte es hier auf der Erde irgendwann einmal soweit kommen, dass es so einen Chip gibt oder eher nicht?

Kuthumi

Nun, meine Liebe, es könnte sein, dass bestimmte Länder ein derartiges Experiment im kleinen Rahmen ausprobieren, aber ihr seid zu nahe am Aufstieg, am Auflösen der Polarität. Und diese Erfahrung ist eine polare!

Barack Obama

Frage:

Kann die Welt hoffen, dass Barack Obama ein neues politisches Zeitalter einläutet, und wird sich dieses neue politische Zeitalter auch auf die alten europäischen Strukturen ausdehnen?

Kuthumi

Aus unserer Sicht ja! Barack Obama hat das neue Denken, eine neue Sichtweise integriert in sein Bewusstsein, und er ist ein hervorragender Diplomat. Er tritt ein Erbe an, welches ihn vor gigantische Aufgaben stellt. Andererseits hat er eine gewisse Freiheit im Handeln. Er hat eine Vielzahl neuer Ideen, die er gerne umsetzen möchte, und fähige Mitarbeiter. Von daher ist die Wahrscheinlichkeit sehr hoch, dass die Veränderungswelle überschwappt – zumindest ist es vom Geistigen her so geplant!

Die Wahrscheinlichkeit, dass auch in der Politik der anderen Länder, beginnend mit der Amtszeit von Barack Obama, neue Stimmen laut werden und damit eine Welle der Veränderung über die Erde hinwegfegt, ist sehr hoch. Sagen wir so: Sie ist gegeben – nur den zeitlichen Rahmen und die Intensität bestimmt ihr! Die Zeit dafür ist reif! Überall in der Politik gibt es fähige Menschen, die auf ihre Stunde warten, um eine bessere Welt aufzubauen. Vielleicht werdet ihr in der Zukunft noch einmal mit Freude Nachrichten schauen, weil die Veränderungen eure Seele erfreuen. Diese Wahrscheinlichkeit ist sehr groß. Das ist das, was wir gegenwärtig wahrnehmen.

Frage:

Barack Obama strebt ja große Veränderungen an. Das Problem dabei ist ja, dass solche Leute, die große Veränderungen anstreben oder einen neuen Gang einlegen, leicht Opfer von Terroranschlägen werden. Muss man das befürchten bei Obama?

Kuthumi

Wir können es langfristig nicht hundertprozentig ausschließen. Er hat sicherlich Feinde, aber die Mehrzahl der Amerikaner und auch der Bevölkerung der anderen Staaten ist sehr erfreut über die Wahl von Barack Obama. Er hat ein intensives Sicherheitssystem, ist abgeschirmt, aber es gibt keine absolute Abschirmung. Aber der Lebenswille seiner Seele ist sehr hoch, und das ist dabei das Ausschlaggebende! Auch Präsident Bush hatte einen starken Lebenswillen – Kennedy dagegen nicht! Er war geplagt von Krankheit und familiärem Druck. Wenn die Seele nicht „Ja" dazu sagt, gelingt kein Attentat!

Fragen zum Thema

Frage:

Ich habe eine Frage: Ich habe gelesen, dass es angeblich noch einen dritten Weltkrieg geben soll? Müssen wir damit rechnen?

Konfuzius

Wir können keine diesbezüglichen Tendenzen wahrnehmen!

Untersuchen wir doch einmal, wie es möglich war, dass ihr zwei Weltkriege hattet!

Es hat sehr klar mit dem kollektiven Bewusstsein der Bevölkerung zu tun:

Früher waren die Menschen noch so orientiert, dass es sozusagen eine Ehre war, beim Heer zu dienen, dass man mit Freude Uniformen getragen hat und dass man über Menschen, die sich da gedrückt haben und nur Zivilisten waren, gerne die Nase gerümpft hat. Ihr wart damals sehr angetan, eine Uniform zu tragen, mit einem Degen oder einem Gewehr bewaffnet zu sein. Ihr strotztet vor Männlichkeit, Stärke, innerer Courage und Selbstsicherheit. Und so eine Uniform machte auch nach außen hin etwas her und beeindruckte die Welt der wehrlosen Mädchen!

Ja, meine Damen, es hat eine Zeit gegeben, da wart ihr hingerissen von stolzen Männern in Uniform! Ihr habt sie angeschmachtet, und das ist euer Beitrag zum Elend!

Nun, von dieser Vorstellung seid ihr weitestgehend geheilt, denn das, was darauf folgte, diese beiden Weltkriege mit Hauptschauplatz Europa, haben doch die Bevölkerung zum Großteil zum Umdenken gebracht, und auch die Damen schauen nicht mehr jedem Uniformträger hinterher.

Die Menschen, die heute inkarniert sind, haben ihre Schlachten in früheren Leben geschlagen, und sie schätzen heute ein friedliches Miteinander. Und wenn jetzt in Europa irgendein Staat die eigenen Einwohner zu den Waffen rufen würde, dann würde die Bevölkerung sich verweigern! Und das wissen eure Politiker sehr genau! Sie haben nämlich große Mühe, die nötige Zahl an Soldaten für Auslandseinsätze zusammenzubekommen.

Auf eurer Erde gibt es bestimmte Schauplätze, auf denen in unterschiedlicher Intensität Kriege stattgefunden haben. Es gibt auch jetzt Konfliktherde, die zum Teil aus politischen Ungerechtigkeiten entstanden sind. Da gibt es bestimmte Gegenden, wo ein höheres Potenzial an Aggression vorhanden ist. Wenn ein solches Land auch noch relativ hoch aufgerüstet wird und seine Kampfbereitschaft signalisiert, dann ist die Wahrscheinlichkeit groß, dass es zu Kampfhandlungen kommt. Aber diese sind territorial begrenzt und haben nicht die Macht, auf die Welt überzugreifen.

So, wie es früher war, funktioniert es heute nicht mehr!

Es gibt vielleicht einige Menschen, die sich von einer Berufsarmee angezogen fühlen, die möglicherweise noch irgendeine Lernerfahrung auf diesem Gebiet vermissen. Aber ihre Zahl reicht nicht aus, um einen größeren Kriegsschauplatz zu unterhalten.

Frage:

Es geht um den wirtschaftlichen Bereich. Wird es die Europäische Gemeinschaft und den Euro auch in Zukunft geben?

Kuthumi

Du fragst nach der Europäischen Gemeinschaft: Es ist so, dass die gegenwärtige Art und Weise, wie Europa zusammenarbeitet, noch nicht der Gleichberechtigung aller Beteiligten entspricht. Ihr habt euren Staaten so etwas wie „Hotelkategorien" angeheftet. Da gibt es die Privilegierten, die Geduldeten und die, die sich bemühen, hineinzukommen, weil sie gern ihr Land mit öffentlichen Geldern sanieren würden.

Da gibt es ganz gewaltige Unterschiede. Das bedeutet jedoch nicht, dass ein Europäisches Parlament, eine Europäische Regierung nicht zukunftsträchtig wären. Bei einem aufgestiegenen Planeten sieht die Wirklichkeit so aus, dass er eine planetare Regierung hat, aber eigene Verwaltungsdistrikte, in denen vor Ort entschieden wird. Aber der Planet als solcher spricht definitiv mit einer Stimme, und diese befürwortet das, was das Beste für seine Natur, für das Pflanzenreich, für das Tierreich, für die Ernährung, für die Art und Weise, wie die Menschen zusammenleben, ist.

Welche Neuerungen könnten wir vornehmen, um einen hohen Wohlstand, viel Klarheit und viel Lebensfreude für alle auf diesem Planeten zu realisieren? So denkt die Verwaltung vor Ort und die planetare Regierung. So sollten auch eure Politiker denken, wenn sie im Amt bleiben möchten!

Eure Europäische Gemeinschaft ist ein Vorläufer. Nicht alles davon ist wirklich gut! Aber die Grundidee ist in Ordnung. Genauso ist auch die Grundidee, dass Europa eine einheitliche Währung hat, eine gute Idee. Weil dadurch Leichtigkeit einfließen kann. Aber die Art und Weise, wie dieser Wechsel durchgeführt wurde und wie die verschiedenen Banken, Weltbanken, Staatsbanken sich dabei bereichert haben, das ist nicht in Ordnung!

Meine Lieben, ihr fragt nach einer Währung, die sozusagen die Systeme überdauern kann. Nun, es ist so: Die Wahrscheinlichkeit, dass irgendeine von den momentan etablierten Währungen sich langfristig im Paralleluniversum halten wird, ist sehr gering. Eure Finanzwelt ist entstanden in der 3. Dimension. Sie ist engstirnig, kurzsichtig und geldbesessen. Und aus diesem Grund hat sie keine Chance, im Paralleluniversum zu überleben.

Ihr macht euch zum Teil Sorgen, wie dieser Übergang stattfinden wird. Die Wahrscheinlichkeit, dass das Alte zerschlagen wird, und wir sprechen von Zerschlagen nicht in Form von kaputtmachen, von Verwüstungen, sondern von einem Zusammenbrechen wie ein Kartenhaus, ist da. Das System wird irgendwann an einem ganz bestimmten Punkt aufhören, weiter so zu funktionieren. Es gibt jetzt bereits einige Stellen, wo die Funktionsweise gefährdet ist. Aber bis 2012 wird sich mit einiger Wahrscheinlichkeit euer Finanzsystem noch halten können.

Wirtschaft und Finanzen

Die Finanzkrise

Konfuzius

Seid gesegnet, seid in der Liebe, das ist Meister Konfuzius.

Nun, meine Lieben, ihr befindet euch zurzeit auf einer sehr turbulenten Ebene der Erde. Es gibt täglich Veränderungen. Es kommen Machenschaften ans Licht und die Energie der Veränderung, die auf diesen Planeten einwirkt, ist sehr, sehr massiv.

Alte Strukturen, die ihr noch beibehalten oder ererbt habt aus der Zeit der Dreidimensionalität, in der euer Bewusstsein ein anderes war, werden sich mehr und mehr verändern. Ihr könnt das beobachten, zum Beispiel bei eurem Finanzsystem. Seit geraumer Zeit gibt es auf diesem Gebiet heftige Veränderungen. Und diese Veränderungen kommen von dem Kontinent, welchen ihr Amerika nennt.

Nun, meine Lieben, früher war Amerika das Land der „unbegrenzten Möglichkeiten", wo man sozusagen vom Tellerwäscher zum Millionär aufgestiegen ist. Aber diese Erfahrung haben nur wenige gemacht, doch viele hatten glorreiche Vorstellungen darüber, die sich niemals erfüllten.

Stellen wir doch einmal die Frage: Warum kommt die Finanzkrise aus Amerika? Aufgrund der Tatsache, dass sich Amerika auf zwei Kriegsschauplätzen getummelt hat, bzw. noch immer tummelt, werden jeden Tag Millionen dafür verbraucht. Und dieses Geld muss irgendwoher kommen!

Die Banken bekamen die Auflage, mehr zu verdienen, mehr Gewinn zu machen, und das hat sie dazu animiert, nicht mehr so genau hinzuschauen, ob eine Person kreditwürdig oder liquide war. Kreditgesetze wurden gelockert und jedermann durfte seine Kreditkarte oder auch mehrere davon ins Bodenlose überziehen. Es war auf einmal leicht, an Geld heranzukommen. Monatliche Ratenzahlungen, die das Einkommen der Schuldner übertrafen, waren neuerdings auch unbedenklich.

Aber diese Art Schulden gehören zu den überschaubaren. Weitaus gravierender ist die weltweite Vernetzung der Banken und der Betrug mit angeblichen Wertpapieren und Fonds.

Dadurch ist eine Lawine losgetreten worden, und aus unserer Sicht rollt diese Lawine langsam ins Tal, hat aber die Talsohle noch nicht erreicht.

Meine Lieben, wir sind nicht gekommen, um euch Angst zu machen. Es ist so, persönlich betroffen davon sind vor allen Dingen Menschen, die seit Jahrzehnten ihr Mangelbewusstsein pflegen, sowie gutbetuchte Menschen, die eine Spielernatur haben oder ein Weltbild, das geprägt ist von Anhäufen von Besitz und dem sekundären Gewinn von Prahlerei und angeblicher Sicherheit darüber. Auf der anderen Seite besteht ein Mangel an Gottvertrauen und in den normalen Fluss des Lebens. Das ist die Energie, die momentan weitestgehend getroffen wird von dieser Welle, die von Amerika überschwappt auf alle Kontinente.

Nun, meine Lieben, für euch ist es wichtig, dass ihr in euch Sicherheit erschafft, dass ihr spürt, dass ihr auf der Erde seid, um euren Weg zu gehen. Spürt in euer Inneres hinein, hört auf eure innere Stimme, und falls ihr Ängste finanzieller Art habt, dann verbindet euch mit Meister Kuthumi und schreibt euch eure Gedanken auf, analysiert, was ihr denn für Ängste habt, welche Gedanken euch durch den Kopf gehen; welche Verträge ihr eingegangen seid.

Das alles bringt Energien hervor, und diese Energien können eng sein, sie können aber auch freiheitlich und locker sein, und dementsprechend fließt dann auch die Materie.

Frage:

Ich möchte gern etwas zu unserem Geldsystem fragen. Wäre es aus eurer Sicht möglich, dass es in Kürze zusammenbrechen könnte?

Konfuzius

Euer Geld-Schein-System hat die Stabilität eines Kartenhauses!

Ihr habt vor knapp vierhundert Jahren begonnen, Bankhäuser zu gründen und das „Schein-Geld“ einzuführen, indem ihr Papier bunt bedruckt und ihm damit einen Wert beigemessen habt. Nun, die Idee war keineswegs abwegig, da es zumindest für die Geldhändler sehr aufwändig war, immer schwere Truhen mit Münzen auszutauschen. Es hat somit den Handel erleichtert.

Nun schauen wir uns mal die Bankhäuser etwas genauer an: Ein Bankhaus verfügt über ein gewisses Kapital – eine Einlage, die wiederum zum Ausdruck bringt, wie wichtig oder nichtig eine Bank ist. Da aber jede Bank bestrebt ist, zu den wichtigen aufzurücken, wird sie also Geld verleihen und Zinsen kassieren, damit sich ihre Gesamteinlage erhöht und somit ihre Wichtigkeit.

Tatsächlich ist es so, dass sich von dieser Gesamteinlage der Bank 90% des Kapitales in Umlauf befinden, in Form von Krediten und Geschäftsfinanzierungen. Die Bank ist lediglich verpflichtet, 10% ihres Kapitals einzulagern, mit den restlichen 90% werden Geschäfte gemacht. Und das ist der Grund, warum wir vorhin von der Stabilität eines Kartenhauses gesprochen haben!

Jetzt befindet ihr euch in einer aufsteigenden Zeitebene. Das bedeutet für jeden Einzelnen, dass sich euer inneres Wertesystem verändert. War es für frühere Generationen eine Selbstverständlichkeit, vom Schulabschluss bis zur Rente zu arbeiten, so ist das in eurer Zeit nur sehr schwer aufrechtzuerhalten. Die innere Befriedigung spielt eine immer größere Rolle, und ihr seid nicht mehr längerfristig bereit, euer Leben mit Verpflichtungen vollzustopfen, die euch doch eigentlich frustrieren. Die Rollenspiele fliegen immer schneller auf und es fällt euch bedeutend schwerer, gute Miene zu einem frustrierenden Spiel zu machen. Das wiederum hat Auswirkungen auf eure Arbeitslust, es hat Auswirkungen auf eure Wirtschaft, und es hat Auswirkungen auf euer Geld-Kartenhaus.

Bei jedem wirtschaftlichen Zusammenbruch verschwinden einzelne Karten aus dem Kartenhaus und damit nimmt die Stabilität weiter ab. Die Wahrscheinlichkeit, dass es zu massiven Zusammenbrüchen kommt, ist sehr hoch.

Rein spekulativ gesagt, wird eine endgültige Ablösung eures alten Geldsystems mit hoher Wahrscheinlichkeit erst nach 2012 von Erfolg gekrönt sein. Das bedeutet jedoch nicht, dass es bis dahin keine Veränderungen geben könnte.

Frage:

Ich verstehe überhaupt nicht, wie ein solides Banksystem, was Jahrhunderte überdauert hat, plötzlich dermaßen in die Knie brechen kann? Es wird da von toxischen Wertpapieren gesprochen und der Auslagerung derselben, und ich frage mich, wie so etwas zustande kommt?

Kuthumi

Nun, mein Lieber, die Globalisierung, gepaart mit Geldgier, macht es möglich! Was dazu kommt, ist, dass euer Finanzsystem bereits seit 100 Jahren eine Schieflage aufweist. Zuvor stand hinter den gedruckten Geldscheinen, die ausgegeben wurden, eine Sicherheit in Gold – die sogenannte Goldeinlage, die die Stabilität der Währung garantierte. Vor Beginn des 1. Weltkrieges wurde das bereits aufgehoben. Damals wurde Geld gedruckt ohne Gegenwert in Gold. Ihr wolltet es immer mal wieder ausgleichen, aber es ist wohl in Vergessenheit geraten!

Kommen wir jetzt zu den sogenannten „toxischen Wertpapieren“, sie sind jüngeren Datums. Es handelt sich dabei einmal um falsch eingeschätzte und überbewertete Objekte und zum anderen um nicht existierende Objekte. Erklären wir das an Beispielen, damit es verständlicher wird:

Angenommen, da gibt es einen alten Wolkenkratzer irgendwo in Südamerika, er verfügt über 250 Wohnungen. Sie stehen leer, weil die Ratten im Haus ein und aus gehen und es immer baufälliger wird. Vor Ort hätte der Besitzer des Hauses Schwierigkeiten, einen Kredit zu bekommen, weil der Zustand des Gebäudes bekannt ist. Aber es gibt Tricks, mit denen man bestimmte Mängel auf dem Papier verschwinden lassen kann. Wichtig dabei ist nur, man findet Investoren, die das Gebäude nicht persönlich kennen. Es kommt also in Form von lukrativen Wertpapieren auf den europäischen Markt. Käufer sind Personen, die ihre Ersparnisse gewinnbringend anlegen möchten. Sind alle Wertpapiere verkauft, platzt die Bombe: Das Haus muss abgerissen werden, da die Statik einen Zusammenbruch erwarten lässt. Euer schönes Geld löst sich also über Nacht in Rauch und Nebel auf!

Da der Besitzer auf und davon ist, bekommt ihr vielleicht noch eine Rechnung von der Abrissfirma.

Nun, das ist vergleichsweise ein kleiner Fisch! Die gemäßigte Version, denn immerhin hatte euer Wertpapier ein wirkliches irdisches Objekt. Nur schade, dass der Wert so schnell verfallen ist! Normalerweise schaut man sich an, was man kauft. Wenn ihr euch einen neuen Mantel anschafft, dann schickt ihr nicht eure Putzfrau und beauftragt sie: „Kauf mir mal einen neuen Mantel in der Größe und von der Farbe!“ Auf die Idee würdet ihr nie kommen! Aber wenn es sich um größere Summen Geld handelt, dann macht euch der voraussichtliche Gewinn blind!

Das Ganze gibt es noch eine Nummer unverfrorener:

Wertpapiere über angebliche Objekte, die nur auf dem Papier existieren! Dabei handelt es sich um erdachte, überhaupt nicht existierende Projekte, die lediglich in der Fantasie des Wertpapierschöpfers vorhanden sind. Es gibt also keinen Gegenwert! Eure Banken handeln damit. Nur weiß der Bankangestellte vor Ort nicht, dass das Ganze ein Schwindel ist. Die Banker bekommen jetzt erst allmählich eine Übersicht, wie viele „faule Eier“ sich in ihren Papieren befinden. Und das kann sehr ernüchternd sein!

Mangelbewusstsein und Armut

Frage:

Gibt es so etwas wie eine karmisch bedingte Armut?

Kuthumi

Ja, die gibt es! Nur ist es bei den meisten von euch nicht karmisch bedingt, sondern Auswirkung falschen Denkens. Schauen wir uns den Unterschied an:

Ihr wählt, wenn ihr geboren werdet, das Land, den Ort und des Weiteren euer Elternhaus und damit auch die Verhältnisse, in die ihr euch hineinbegebt. Und es gibt bei eurer Inkarnationswahl die Tendenz zum Ausgleich – die Möglichkeit, eine gegenteilige Erfahrung zu machen. Das bedeutet allerdings nicht automatisch, dass, wenn ihr in schmale Verhältnisse hineingeboren werdet, dieser Wahl zwangsläufig ein Leben in Geiz und Engstirnigkeit vorausgegangen sein muss. Es könnte ebensogut von Gleichgültigkeit geprägt gewesen sein oder von der Tendenz, sich selbst an die letzte Stelle zu setzen – von einem ausgeprägten Mangel in der Selbstversorgung.

Untersuchen wir nun die Gleichgültigkeit: Angenommen, da gibt es eine Person, die gut betucht ist, der das Geldverdienen zu einer Art Sport wird. Sie sammelt immer mehr an und durchläuft auch eine Veränderung ihres Charakters, sie rückt in eine andere Gesellschaftsschicht auf. Und dieser Person ist möglicherweise ihre Herkunft peinlich. Sie wird die Menschen ihrer früheren Umgebung meiden und vielleicht auch hart gegen nahe Verwandte vorgehen, indem sie sich verleugnet und rücksichtslos ihre eigenen Taschen füllt.

Sie wird in dieser Inkarnation mit Möglichkeiten des Helfens konfrontiert werden, aber sie hat die freie Wahl, es zu tun oder auch nicht. Angenommen, sie tut es nicht, so kommen alle ihre Verweigerungen beim Übergang ins Jenseits ans Licht. Die Hartherzigkeit, die sie auf irdischer Ebene verschleiern konnte, das

Gewissen, das bei gewissen Begegnungen anklopfte, all das wird jetzt offenbar. Unter Umständen ist das ein sehr peinlicher Moment, wenn sie ihre frühere Mutter trifft, die nicht mehr standesgemäß war und in Armut starb, oder wenn sie mit einem illegitimen Kind zusammentrifft, dem sie eine Ausbildung hätte ermöglichen können. Es ist die Scham und die Pein, die in ihr die Erkenntnis reifen lassen: Ich kann nicht mit Geld umgehen! Es ist besser, ich habe nie wieder so viel!

Diese Schlussfolgerung hat dann Auswirkungen auf ihre nächste Inkarnation.

Vielleicht wählt sie sich ein Leben, in dem finanzielle Sicherheit ein Mangel ist. Und dieser Mangel könnte sie wiederum dahingehend prägen, dass sie glaubt, Ruhe und Sicherheit nicht wert zu sein, dass ihr Selbstwertgefühl empfindlich leidet. Sie stellt sich dann selbst auf mentaler Ebene ein Armutszeugnis aus, indem sie einschränkende Gedanken pflegt.

Auf diese Art und Weise bauen sich die Hintergründe auf!

Nehmen wir nun die Situation, die nicht von Karma behaftet ist:

Angenommen, ihr habt ein Geschäft oder seid angestellt. Ihr habt ein gutes Einkommen oder eure Geschäfte laufen mit einer gewissen Regelmäßigkeit. Trotzdem erlebt ihr ständig, dass sich eure Einnahmen und Ausgaben die Waage halten. Man könnte sagen: Wie gewonnen so zerronnen! Vielleicht ist die Situation sogar noch etwas enger: Euer Konto ist dauerhaft im roten Bereich!

Das sind ganz klar Auswirkungen falschen Denkens, falschen Sprechens oder falschen Handelns!

Überprüft erst einmal euer Handeln! Wofür gebt ihr euer Geld aus? Finanziert ihr Prestigeobjekte, die nach außen repräsentieren sollen, dass ihr reich seid? Wenn ja, erfüllt ihr eine Rolle, die das mangelnde Selbstwertgefühl deckeln soll. Die Lösung ist, am Selbstwert zu arbeiten und die Prestigeobjekte, die ein Loch in euren Haushalt reißen, loszulassen!

Gestattet ihr einer Person, die euch nahesteht, euer Einkommen mit beiden Händen auszugeben? Begrenzt das auf eine maximale Summe!

Wenn das nicht der Fall ist, dann wendet euch euren Gedanken und verbalen Aussagen zu: Liegt ihr nachts wach und sorgt euch um euer Geld? Lasst es sein! Laufen in euren Köpfen Schallplatten über eure enge finanzielle Situation ab? Stoppt sie! Produziert neue Gedanken! Ertappt ihr euch bei der verbalen Aussage: „Ich bin knapp bei Kasse“? „Ich bin …“ ist die stärkste Aussage eines Schöpfergottes! Ihr legt damit fest, was ihr seid! Hört auf damit und erschafft neu! Mit den euch innewohnenden Gedanken erschafft ihr euch Wohlstand oder auch Mangel, und eure Schwingung ist so weit fortgeschritten, dass ihr die Auswirkungen unmittelbar erfahrt!

Frage:

Ich habe eine Idee im Kopf, wie es wäre, wenn man nicht mehr das Geld als Zahlungsmittel in den Händen hätte, sondern Leistung gegen Leistung tauschen könnte. Oder dass der eine gibt, was er entbehren kann, und dafür vom anderen wieder was bekommt. Könnte auf diese Weise das lästige Zahlungsmittel Geld, was sowieso nix wert ist, einfach verschwinden? Wie siehst du das, denkst du, dass das kommen könnte?

Konfuzius

Im Ursprung war es so, wie du es schilderst, damals wurde Leistung gegen Leistung getauscht, Ware gegen Ware. Aber ihr habt das Geld erfunden, um Erleichterung hineinzubringen in diesen Austausch. Nun hat sich das etwas in eine unwirkliche Richtung verlaufen. Die Wahrscheinlichkeit, dass sich euer Geldsystem verändern wird, ist sehr, sehr hoch, weil damit auf eurem Planeten alte Machtansprüche verbunden sind, die die Erde in ihrem positiven Veränderungsprozess behindern.

Die Menschen, die das Geld haben, haben auch die Macht, nützliche Erfindungen im Safe wegzuschließen. Sie haben die Macht, politische Veränderungen aufzuhalten, weil die Umsetzung am Geld scheitert. Wir sprechen jetzt nicht von euren Politikern! Diese Personen agieren aus dem Hintergrund. Was sie auszeichnet, ist eine besondere Geldgier – das ist ihre vorrangige Eigenschaft. Und durch die Einstrahlung der Ursonne wird dieser Charakterzug entweder erkannt und verändert oder dermaßen skurrile Formen annehmen, dass sie leichtsinnig werden und sich dabei selbst ruinieren.

Es wird Veränderungen auf dem Geldmarkt geben, und die Lawine rollt bereits seit 2007 ins Tal. Diese Lawine wird durch mehrere Talsohlen ausgebremst, und dabei wird euch die Illusion vermittelt, dass alles in Ordnung ist. In dem Moment, in dem eure Bankiers Selbstmord begehen, ist die Talsohle erreicht. Aber wir können dir nicht sagen, wann das soweit sein wird, weil die Veränderungen von euch kommen, von den Menschen, die auf diesem Planeten leben. Und möglicherweise gibt es da eine Übergangsphase, in der vorübergehend zeitlich und territorial begrenzt der Tauschhandel aktuell sein wird. Aber das ist nicht die endgültige Lösung!

Frage:

Hallo, lieber Meister Konfuzius. Mich würde interessieren, wie das mit dem Neuverteilen des Geldes wird? Mich würde einfach interessieren, wie das so vonstatten geht und wie man sich das dann zukünftig vorstellen kann?

Konfuzius

Meine Liebe, weitestgehend ist das so, dass in den meisten Realitätsebenen, die durch so einen Aufstieg gegangen sind, irgendwann das alte Geldsystem zusammenbrach oder massiv reformiert wurde, indem es in neue Hände kam oder ein vollkommen neues Zahlungssystem eingeführt wurde.

Die Wahrscheinlichkeit, dass es gerade auf dem Gebiet der Finanzen und des Geldwertes Veränderungen geben wird, wie sie unterschwellig bereits jetzt auftreten, nimmt zu. Es besteht die Wahrscheinlichkeit, dass eine größere Geldentwertung stattfinden könnte. Es besteht aber auch die Wahrscheinlichkeit, dass Länder, die ein ausgeprägtes Sozialsystem haben, für bestimmte Gesetze sorgen, sodass jeder Bürger für den Übergang bestimmte Werte erhält. Das alte System, was jetzt noch funktioniert, ist sehr, sehr brüchig, und aus diesem Grund ist die Wahrscheinlichkeit sehr hoch, dass es sich verändern wird, aber wann dieser Zeitpunkt der Veränderung ist, das liegt an euch.

Bankbürgschaften

Frage:

Die Bundesregierung hat ja jetzt große Bürgschaften an die Banken gegeben. Meines Erachtens wird die Bundesregierung für diese Bürgschaften auch in Anspruch genommen werden, gerade jetzt im Zusammenhang mit dem Zusammenbruch der Banken. Seht ihr das auch so?

Kuthumi

Nun, wir möchten Folgendes dazu sagen: Der wirtschaftliche Zusammenbruch betrifft nicht jeden Sektor. Es gibt auch Bereiche, die weiterhin produktiv sind, die weiter bestehen werden, und dabei kommt es nur darauf an, ob die Waren in ausreichendem Maße abgesetzt werden. Solche Unternehmen werden auch in Zukunft sicher dastehen und ihren Mitarbeitern sichere Arbeitsplätze bieten und Gewinn machen.

Was sich aber verändern wird, das sind eure Vorstellungen über das Wirtschaftswachstum: Ihr strebt seit ca. 50, 60 Jahren an, dass die Wirtschaft jedes Jahr mehr wächst und gedeiht. So denken Menschen, die von Habsucht, Gier und Angst gezeichnet sind! Alles in der Natur wächst, aber jeder Baum weiß, wann er ausgewachsen ist. Es gibt auch bei Unternehmen so etwas wie eine sinnvolle, überschaubare Größe, aber der habt ihr in der Vergangenheit wenig Beachtung geschenkt. Ihr habt euch selbst gepuscht, habt euren

Lebenssinn in der Arbeit gesucht, wart bestrebt, zu fusionieren und euch immer weiter auszudehnen.

Und wir fragen euch: Macht euch dieses Leben Spaß? Könnt ihr in euch die Freude und Begeisterung für eure Arbeit spüren? Würdet ihr auch dann weiterarbeiten, wenn ihr es finanziell nicht nötig hättet?

Meine Lieben, viele von euch gehen seit Jahrzehnten einer Arbeit nach, die euch frustriert, die ihr nur erfüllt, weil ihr damit euren Lebensunterhalt verdient. Ihr geht morgens mit Widerwillen hin und bringt die Stunden voller Unlust hinter euch. Eure Aura strahlt dabei aus: „Diese Arbeit gefällt mir nicht! Ich empfinde mein Leben fremdbestimmt, eintönig und freudlos! Ich will eigentlich etwas anderes!“

Und jetzt erntet ihr die Auswirkungen davon! Euer Ruf wurde im Universum erhört!

Deine Frage bezog sich des Weiteren auf die Bürgschaft, welche die Bundesregierung für die zusammenbrechenden Finanzen bereitgestellt hat.

Nun, es ist so, die Bundesregierung verfügt nicht über Eigenkapital! Die Bundesregierung verfügt über Steuereinnahmen, und diese Steuereinnahmen kann sie verteilen. Die Bundesregierung ist verschuldet, und dem, was jetzt als Notfallprogramm auf die Beine gestellt wird, fehlt jede Sicherheit. Sie haben kein eigenes Geld und das, was die Sicherheit erbringen soll, sind künftige Steuereinnahmen.

Auf der andern Seite gibt es einen weltweiten Druck in Richtung Steuersenkung, um die angeschlagene Wirtschaft anzukurbeln und die Kauflaune zu steigern. Gerade das macht der Regierung jetzt Kopfzerbrechen, weil sie mit diesen künftigen dicken Steuereinnahmen rechnet, damit sie ihre Bürgschaften halten kann.

Aus unserer Sicht ist es so, dass das Versprechen, das sie gegeben hat, sowieso platzen wird. Es funktioniert nicht, und die Banken nehmen diese Angebote auch nur zögerlich in Anspruch, weil sie mit Auflagen verbunden sind. Auflagen und Vorschriften, wie sie in Zukunft ihre Geschäfte betreiben dürfen. Und viele Banken, die sich Geld leihen, bringen es überhaupt nicht in Umlauf, weil sie es dringend benötigen, um ihre Bilanzen zu schönen.

Diese auferlegten Regeln sind aus unserer Sicht wertvoll und richtig, um dem Ganzen Stabilität zu verleihen. Nur sind eure Bankiers und Börsenmitarbeiter darauf geeicht, ein Pokerspiel zu spielen und dabei nicht unbedingt verantwortlich vorzugehen. Es sind die Risiken, die sie eingehen, die letztendlich manchmal einen dicken Gewinn abfallen lassen. Aber diesen Gewinn gibt es nur in eurem etwas beschränkten Blickwinkel.

Geld vermehrt sich nicht wirklich! Die Zinsen, die ihr auf eure Geldeinlagen von der Bank erhaltet, fallen nicht vom Himmel. Sie werden von anderen Menschen, die sich bei dieser Bank Geld geliehen haben, gezahlt. Vielleicht ist es euer Nachbar, der dafür aufkommt. Nur dass ihr für geliehenes Geld sehr viel mehr zahlt als ihr Zinsen erhaltet für eure Einlagen. Denn die Bank will ja leben und Gewinn machen!

Das System ist dreidimensional, und es wird sich nicht halten können!

Autoindustrie

Frage:

Könnt ihr näher definieren, welche Zweige von diesem Zusammenbruch betroffen sein werden? Ich gehe mal davon aus, dass die Autoindustrie einer der Zweige ist, die dazu gehören?

Kuthumi

Es ist so, bestimmte Wagen, die Prestigeobjekte darstellen, sind in besonderem Maße betroffen. Andere, die einen vernünftigen Preis haben, wo das Preis-Leistungsverhältnis stimmt, werden auch weiterhin verkauft werden.

Aber bei eurer Autoindustrie steht noch etwas Anderes an: Ihr rüstet die meisten Autos, die heute produziert werden, mit Verbrennungsmotoren aus. Diese Verbrennungsmotoren werden mehr und mehr abgelöst! Sie sind nicht zukunftsträchtig und werden abgelöst werden von Elektrofahrzeugen, von Solarfahrzeugen und noch von einer weiteren Technik, die aber momentan noch nicht produziert wird.

Frage:

Handelt es sich dabei um die Erfindung von Tesla, die in irgendwelchen Schubladen liegt?

Kuthumi

Ja, sie liegt weggeschlossen in Safes. Aber es wird bereits daran gearbeitet. Aber dieses Auto ist noch nicht für die Serienproduktion reif. Soweit ist es noch nicht.

Immer wenn Erfindungen auf irdischer Ebene ankommen, dann steht ein tieferer Sinn dahinter. Sie werden euch gegeben, weil ihr sie braucht! Verschwinden sie dann für Jahrzehnte im Safe, hat das spätere Konsequenzen. Was wir damit sagen wollen, ist: Ihr könntet heute anders dastehen und vollkommen unabhängig von bestimmten Rohstoffen sein.

Mögliche Auswirkungen der Finanzkrise

Frage:

Welche Auswirkungen hat die Finanzkrise auf unser Leben?

Ihr bekommt so etwas wie Normalität vorgegaukelt, damit in der Bevölkerung keine Panik ausbricht! Aus unserer Sicht ist es jetzt nicht sinnvoll, Lebensmittel zu horten, weil bestimmte Versorgungsgüter da sind. Und sollte es auf irgendeinem Gebiet einen Engpass geben, dann bekommt ihr das im Vorfeld mit. Und dann reicht es aus, wenn ihr dann handelt und euch vielleicht eine alternative Möglichkeit auswählt, wie ihr beispielsweise von der Heizung und bestimmten Rohstoffen unabhängig werdet. Vielleicht schafft ihr euch einen Holzofen an.

Sollte es zu einem totalen Zusammenbruch des alten Systems kommen, dann wird einige Tage Chaos herrschen. Die Geschäfte schließen dann möglicherweise vorübergehend, bis sie Instruktionen für ein neues Geldsystem haben. Ihr habt die Umstellung auf den Euro erlebt – so ähnlich oder eine Spur heftiger könnte es dann auch ablaufen. Wenn ihr jetzt über größere Summen auf der Bank verfügt und ihr liebäugelt vielleicht schon längere Zeit mit einer Anschaffung, dann wäre es sinnvoll, diese Anschaffung jetzt zu tätigen.

Meine Lieben, wir möchten euch aufrufen, seid zuversichtlich, auch wenn ihr spürt, dass um euch herum Unsicherheit herrscht. Ihr alle habt gelernt, an euch zu arbeiten, eure innere Stabilität zu halten, euch in Balance und einen positiven Zustand zu versetzen. Dies ist in dieser Zeit sehr wichtig. Die Schwingungen, die auf die Erde geleitet werden, sind außerordentlich hoch und intensiv, und alte, vergangene Strukturen werden zusammenbrechen und sich verändern. Das ist richtig und wichtig. Manchmal können wir die Beobachtung machen, dass ihr zwar im Großen und Ganzen sagt, dass ihr froh seid über Veränderungen, die da anderswo stattfinden, aber die, die euer persönliches Leben betreffen – die möchtet ihr nicht haben!

Nun, meine Lieben, es geht nicht, dass ihr davon ausgenommen werdet. Wichtig ist euer inneres Gleichgewicht, eure Selbstliebe, dass ihr das anwendet, was ihr in den letzten Jahren gelernt habt. Seid da zuversichtlich, ihr geht in die richtige Richtung und es wird sich immer mehr abzeichnen, dass die Energien sich in der Art verändern, dass letztendlich etwas Positives daraus entsteht.

Frage:

Was geschieht denn mit dem Geld, was auf der Bank liegt? Bleibt da irgendetwas erhalten, oder müssen wir mit einem totalen Verlust rechnen?

Kuthumi

Wir können dir auf die Zukunft bezogen nur relative Aussagen machen. Das läuft in jedem Land und bei jeder Bank ein wenig anders ab. Es ist auf eurem Planeten in letzter Zeit schon geschehen, dass Banken geschlossen haben und die Kunden vor geschlossenen Türen standen und mit ihrer Bankkarte kein Geld mehr bekamen. Ihr Konto hatte sich sozusagen über Nacht aufgelöst. Und es könnte auch in eurer Region zu solchen Auswirkungen kommen. Dann wäre es vielleicht sinnvoll, wenn ihr eine bestimmte Summe Geldes daheim hättet und nicht alles auf der Bank. Aber ihr solltet auch eins sehen: Diese Veränderungen, die da kommen, stehen an! Das, was da zusammenbricht, sind die Strukturen hinter einem veralteten System! Und es hat Auswirkungen auf alle Menschen auf diesem Planeten, es sei denn, sie haben kein Bankkonto.

Aber ihr bestimmt mit eurer inneren Balance und eurem gedanklichen Wohlstand, wie dieser Wechsel in eurem eigenen Leben vonstatten geht. Es kann sich abspielen wie der Wechsel in eine andere Währung. Wenn ihr aber massive Ängste und Mangelgedanken pflegt, dann ist er begleitet von Bankrott, Verlust und Chaos.

Was sich verändert, sind lediglich die Strukturen im Hintergrund – die Art und Weise, wie eure Kreditwürdigkeit eingestuft wurde und Geldgeschäfte an Banken und Börsen betrieben wurden.

Es wird eine Umstrukturierung geben und vielleicht auch den einen oder anderen Engpass. Diese Wahrscheinlichkeit ist sehr hoch! Aber ihr werdet Lösungen finden!

Dieser Planet ist mit allem ausgestattet, was ihr für euer Leben benötigt! Und wenn sich die Strukturen im Hintergrund verändern, dann geht nicht plötzlich alles kaputt. Ihr seid in keiner Nachkriegssituation! Ihr habt Produktionsstätten, Geschäfte, gesellschaftliche Gebäude. Was sich verändert, sind die alten Denkstrukturen! Und die Zeit dafür ist reif!

Frage:

Ihr habt gesagt, dass andere Planeten diesen Aufstieg und die damit verbundenen Veränderungen bereits durchlaufen haben. In welchen Schritten hat sich ihr Finanzsystem verändert?

Kuthumi

Gut, alles, was jetzt kommt, sind wahrscheinliche Möglichkeiten – die mehr als einmal so abgelaufen sind:

Es beginnt immer mit einer Verschuldung, die plötzlich explosionsartig ansteigt. Daraus resultiert eine Handlungsunfähigkeit der Bankhäuser. Der normale Geldfluss wird unterbrochen. Die Menschen geben weniger Geld aus. Zweige der Wirtschaft geraten in Schwierigkeiten. Es gibt Kurzarbeit, Massenentlassungen, Werksschließungen. Ein Teil der Bevölkerung gerät in Armut, und zwar die, die auch in ihrem Denken auf Mangel programmiert sind. Diese Menschen gehen auf die Straße und vermitteln den Politikern: „Wir haben euch gewählt! Sorgt dafür, dass wir menschenwürdig leben können!“

Die Politiker beobachten mit Sorge die Schuldenskala. Sie möchten einerseits der Bevölkerung helfen, sehen aber das Problem der noch größeren Verschuldung. Es gibt weltweite Treffen und auch Untersuchungen, wie es denn zu dieser Krise kommen konnte. Da ist einmal die Feststellung, dass bis auf wenige Ausnahmen alle Länder der Erde gleichermaßen verschuldet sind. Sie sind bereit, sich gegenseitig ihre Schulden zu erlassen. Damit wird ein Teil gestrichen, aber es bringt nicht wirklich eine wesentliche Erleichterung.

Die Schuldenuhr klettert unerklärlicher Weise weiter! Die alles entscheidenden Fragen sind dann: „Wohin verschwindet das Geld? Wer verdient an dieser weltweiten Krise?“ Diese Untersuchung führt weltweit zu denselben 13 Familien. Und dann geht es schnell: Diese Familien werden enteignet. Damit geht die Schuldenuhr auf Null. Ihr macht einen Strich unter die alten Besitzverhältnisse. Erklärt das alte Finanzsystem als nichtig! Die Politiker werden jetzt großzügiger, was die Versorgung der Bevölkerung angeht. Es wird ein neues Finanzsystem mit anderen, gerechteren Bedingungen und ein neues Versorgungssystem der Bevölkerung aufgebaut. Das sind die Schritte, wie sie ablaufen könnten!

Technik

Autos der Zukunft

Frage:

Ich habe eine allgemeine Frage. Wie sehen die umweltschonenden Fortbewegungsmittel der Zukunft aus, die sich durchsetzen werden, und ab wann können wir damit rechnen?

Kuthumi

Nun, mein Lieber, wir können dir diese Frage latent beantworten. Es ist so, ihr habt schon seit geraumer Zeit Erfindungen, die weggeschlossen wurden in Safes, und dazu gehört zum Beispiel eine Erfindung, ein Motor, der aus dem Magnetfeld der Erde gespeist wird. Da aber eure Ölindustrie nicht angetan war von dieser Erfindung, ist sie weggeschlossen worden.

Nun, meine Lieben, und genau das bringt euch jetzt in einen Engpass. Es gibt noch andere Möglichkeiten. Es gibt zum Beispiel Solarfahrzeuge und Elektroautos. Auch dieses ist möglich, aber die Erfindungen sind momentan noch nicht so weit fortgeschritten, dass diese Autos den Benzinmotor ersetzen könnten. Es gibt auch darüber hinaus verschiedene Wissenschaftler, die experimentieren und die weggeschlossenen Erfindungen von Nikola Tesla wieder „nacherfinden“. Auch dieses ist im Gange, aber momentan noch nicht so weit fortgeschritten, dass damit eine Ablösung in Sicht wäre.

Mein Lieber, es ist so, die Autos der Zukunft werden mit hoher Wahrscheinlichkeit ohne Benzin fahren. Das geht hundertprozentig in diese Richtung. Wie sie nun gespeist werden, ob ihr diese Tesla-Erfindung aus dem Magnetfeld der Erde bevorzugt oder ob die anderen Möglichkeiten über Solarzellen weiter ausgebaut werden oder ob ihr eine leistungsstarke Autobatterie erfindet, die so groß ist wie eine Videokassette und an jeder Tankstelle mit wenigen Griffen ausgetauscht werden kann, das lässt sich momentan noch nicht sagen, gegenwärtig sind die Elektro- und Solarautos etwas weiter als die Erfindung von Tesla.

Es gibt viele Wissenschaftler, die Verbindung zu verstorbenen Erfindern haben, und sie arbeiten zurzeit auf Hochtouren!

Frage:

Ich habe eine allgemeine Frage, mit der ich gerne an die vorherige Frage, was die Fortbewegung anbelangt, anknüpfen möchte. Nach Informationen, die ich erhalten habe, vermindert sich durch diesen Aufstieg der Erdmagnetismus erheblich bis zum Jahr 2012. Ich gehe davon aus, dass die Schöpfung sich nicht verschätzt und deshalb auch die Tesla-Erfindung noch in der Schublade liegt. Stimmt es also, dass sich der Magnetismus wieder erholen kann, wieder mehr werden kann und diese Erfindung dann auch funktioniert?

Kuthumi

Meine Liebe, es ist so, der Erdmagnetismus schwankt aufgrund des Aufstieges, aber es ist letztendlich nicht so, dass es nach 2012 so anders wäre als zuvor. Für euch persönlich fühlt sich die Erdanziehungskraft noch genauso an wie in der dritten Dimension, weil eure Körper und die Erde sich parallel dazu verändern. Eure Sportler können auch nicht plötzlich 30 m hoch springen!

Was sich an erster Stelle verändert, ist euer Inneres, eure Wahrnehmung, eure Gedanken und damit auch eure gesellschaftliche Ausrichtung.

Du sprichst des Weiteren davon, dass diese Tesla-Erfindung erst nach 2012 aus dem Safe kommt und bei ausreichendem Magnetismus funktionieren könnte. Nun, meine Liebe, es könnte sein, dass das so ist und ihr tatsächlich erst nach 2012 damit beginnt. Aber prinzipiell wäre diese Erfindung auch jetzt möglich.

Einwurf:

Also nicht aus Schutzgründen, dass da irgendetwas passieren könnte während der Veränderung, ist sie unter Verschluss? Der Erdmagnetismus wird also nicht so rapide herabgesetzt, dass er nicht wirken würde? Ich habe das wissenschaftlich so erklärt bekommen, und deshalb frage ich.

Kuthumi

Was eure Wissenschaftler momentan feststellen, ist eine Veränderung der Werte. Sie sind an dem einen Tag so, am nächsten Tag anders. Und diese Veränderungen beunruhigen sie zum Teil, aber das hat damit zu tun, dass euer Planet aufsteigt und nicht immer die Energie gleichermaßen da ist, und das sind die Veränderungen, die da ablaufen. Der Erdmagnetismus verändert sich mit dem Aufstieg, aber so, dass ihr ihn trotzdem immer spüren werdet. Es ist nicht so, dass ihr im Jahre 2012 mit euren physischen Körpern davon fliegt. So ist das nicht.

Antwort:

Das habe ich so auch nicht vermutet. Ich dachte nur, es ist wegen diesen Anpassungen vielleicht kurzfristig schwierig?

Kuthumi

Diese Tesla-Motoren könnten auch zum jetzigen Zeitpunkt erfunden und praktisch genutzt werden. Andere Planeten haben diese Erfindungen gemacht und befinden sich ebenfalls im Aufstieg. Und wir können nicht beobachten, dass ihre Fahrzeuge aufstiegsbedingte Ausfälle haben.

Die Angst, die hinter dieser Idee steckt, ist folgende: In Atlantis wurde der Erdmagnetismus als Energiequelle genutzt, und es ist untergegangen. Manche Wissenschaftler verfallen auf die Idee, dass das Eine etwas mit dem Anderen zu tun hatte – aber das ist nicht der Fall! Der Tesla-Motor frisst die Erdenergie nicht auf, er verwendet sie eher durchfließend. Deutlicher lässt sich das durch unseren Kanal nicht ausdrücken.

Das Teleportationsgerät

Kuthumi

In der Zukunft kommen viele neue Erfindungen auf die Erde. So wird es irgendwann ein Gerät geben, mit dem ihr materielle Gegenstände verschicken könnt.

Es funktioniert so ähnlich, wie ihr momentan E-Mails von einem Computer zum anderen versendet. In einigen Jahren gibt es ein Gerät, welches euch den Paketdienst ersetzt. An einem Ende wird ein Gegenstand in einen Kasten – Teleportationsgerät – gesetzt, ihr werdet ein anderes Gerät als Empfänger eingeben. Der Gegenstand entmaterialisiert sich in eurem Kasten und materialisiert sich beim Empfänger. Auf diese Weise funktionieren diese Teleportationsgeräte. Die Ersten, die so etwas nutzen werden, sind eure Paketdienste, um längere Fahrtstrecken zu vermeiden. Später gibt es diese Geräte auch für den Hausgebrauch.

Eine Erweiterung dieses Gerätes wird wiederum später der Replikator sein. Er hat die zusätzlichen Funktionen, dass er entmaterialisiert – sozusagen Materie auflöst, aber auch Gegenstände duplizieren kann. Wenn ihr beispielsweise Besuch habt, und euren Besuchern gefällt eine eurer Engelfiguren, dann stellt ihr sie in den Replikator, drückt Duplizieren und erhaltet einen weiteren Engel. Wichtig ist, dass ihr nicht die Knöpfe verwechselt, sonst verschwindet der Engel auf Nimmerwiedersehen! (grinst)

Schwingungserhöhung und Aufstieg

Frage:

Ich höre immer wieder oder lese vom Quantensprung im September des Jahres 2007, und dass zu diesem Zeitpunkt Menschen große Veränderungen erlebt haben. Ich konnte das bei mir nicht feststellen.

Kuthumi

Meine Liebe, wir möchten dir Folgendes dazu sagen: Im September 2007 ist eine intensive Energiewelle auf die Erde gekommen. Einige haben damals intensive Erfahrungen gemacht. Das könnten beispielsweise solche Erfahrungen gewesen sein, dass ihr mit Angst konfrontiert wurdet, dass ihr dadurch irgendeinen Impuls bekamt, zu schauen, ob ihr irgendetwas Vergangenes aufzuarbeiten habt?

Bei anderen war es wieder anders verpackt. Für sie war es der Einstieg in die Spiritualität. Wieder andere durften sich damit auseinandersetzen, dass in der Familie etwas Dramatisches geschah, was Panik ausgelöst hat.

Nun, meine Liebe, es ist so, diese Energiewelle, die im September 2007 gekommen ist, war eine der ersten stärkeren Wellen aus dem Paralleluniversum, sodass es in der Physis zu deutlichen Auswirkungen kam. Damals brachen zum Beispiel in Amerika das erste Mal die Immobilienmärkte zusammen, und es gab die ersten Crashs an der Börse.

Dies wurde durch die Energie vom Paralleluniversum ausgelöst, mit der ihr schon länger bestrahlt werdet. Aber sie hat vorher mehr auf feinerer Ebene gewirkt. Zu diesem Zeitpunkt hat sie ihre Kraft gezeigt!

Du fragst nun, was das mit deinem eigenen Leben zu tun hat, dass du etwas Derartiges nicht gespürt hast.

Meine Liebe, es ist auch nicht so, dass jeder Mensch, der sich auf diesem Planeten befindet, damals diese Auswirkungen gespürt hat. Diese Energiewellen kommen regelmäßig, und sie werden auch seit 2007 regelmäßig die Physis und damit eure Strukturen erschüttern oder massive Entwicklungsschritte in einzelnen Menschen veranlassen. Aber nicht jeder muss im selben Moment, wie z.B. im September 2007, reagieren. Das ist nicht unbedingt notwendig.

Frage:

Ich bin immer davon ausgegangen, dass der Übergang von einer Reifen zu einer Alten Seele über Inkarnationen geht; doch habe ich euch auch sagen hören, dass der Übergang innerhalb einer Inkarnation möglich ist. Was ist denn nun richtig?

Konfuzius

Das ist möglich in eurer aufschwingenden, hochschwingenden Zeitebene, in der ihr euch befindet. Ihr befindet euch deswegen hier, weil viele von euch den Abschluss machen möchten. Und normalerweise in der dritten Dimension, da ist es so, dass ihr von einem Seelenalter zum nächsten mehrere Inkarnationen benötigt. Aber in dieser hochschwingenden, sehr veränderungs- und transformationsbereiten Ebene könnt ihr den Schritt von der Reifen zur Alten Seele jetzt, in dieser Inkarnation, gehen – ihr braucht nur bereit dafür zu sein. Machen wir einmal deutlich, woran ihr das merkt:

Im Stadium der Reifen Seele findet ihr Erfüllung im Analysieren, Muster entdecken, Ursachen erkunden. Das ist für euch Balsam! Ihr zerrt alles ans Licht, dessen ihr habhaft werden könnt! Ihr seid begeistert von dieser Arbeit und sie schenkt euch einen immer größeren Blickwinkel.

Neigt sich diese Phase zu Ende, spürt ihr allmählich, dass das positive Gefühl und die wirkliche Begeisterung fehlen. Vielleicht wundert ihr euch, weil euch doch diese Analyse früher so viel bedeutet hat? Was ihr jetzt empfindet, ist Leere, und ein Zweifel schleicht sich ein, ob diese Arbeit in die Vergangenheit wahrhaftig für die Lösung eurer Probleme dienlich ist?

Das ist der Moment, wo ihr hinübertretet ins Stadium der Alten Seele – die Geburt der Göttin / des Gottes in euch. Die Alte Seele richtet sich auf, entdeckt ihre Schöpfermacht und übernimmt die Verantwortung für alle Facetten ihres Lebens. Sie ruft dem Universum zu: „Ich bin Schöpfer und ich gestalte mein Leben so und so!" Das ist ihre Aussage und sie lebt danach!

Frage:

Ich habe das Gefühl, dass es eine Macht gibt, die uns vom Licht fernhält. Dass das alles gar nicht so sicher ist …

Kuthumi

Nun, diese Macht erschafft ihr in euch selbst durch die Wahl eurer Gedanken!

Wenn ihr in Angst seid, in Panik und wenn ihr euch heftige Sorgen macht, was morgen sein wird, dann zieht ihr euch zusammen und dann reagiert ihr hektisch. Ihr seid nicht mehr in eurer Mitte und es besteht dann auch die Wahrscheinlichkeit, dass irgendetwas passieren könnte, was euch ausbremst. Nun, meine Liebe, was hast du wirklich für eine Frage?

Antwort:

Also, nach den alten Überlieferungen, auch im Alten Testament und so weiter wird ja diese Zeit schon erwähnt, auf die wir zugehen. Da war es allerdings noch fraglich, ob die Menschheit sich dem Licht auch ganz bewusst zuwenden wird. Ist diese Entscheidung denn eigentlich schon getroffen? Also, dass wir das wirklich packen und in diese neue Energie gehen. Ist das jetzt schon amtlich da oben?

Kuthumi

Du hättest gerne einen Garantieschein?

Antwort:

Ja, wenn's geht mit Stempel.

Kuthumi

Gut. Meine Liebe, wir möchten dir Folgendes dazu sagen: Es sieht ganz so aus, als ob sich alles so entwickelt, wie es vorgesehen ist, und dass ihr in die richtige Richtung steuert. Meine Liebe, aber die wirklich intensive Phase der Veränderung, die liegt noch vor euch, und da geht jeder von euch durch innere Prüfungen, es sei denn, ihr habt weder ein Bankkonto noch einen Arbeitsplatz und lebt irgendwo als Einsiedler. In diesem Fall seid ihr weniger betroffen.

Nun, meine Liebe, es ist so, das Licht kann überhaupt nicht verlieren, das ist nicht möglich. Stelle dir einmal zwei Räume vor: Der eine Raum ist ohne Fenster, der andere Raum ist sonnendurchflutet. Was geschieht, wenn du die Tür zwischen beiden öffnest? Kommt die Schwärze herausgekrochen oder breitet sich das Licht aus?

Antwort:

Das Licht breitet sich aus!

Kuthumi

Meine Liebe, an diesem simplen Beispiel siehst du, dass das Licht nie verlieren kann! Es wird nicht irgendetwas Schlimmes geschehen, was euch zurückwirft, was die Erde vernichtet oder was immer an Befürchtungen da kursiert. Meine Liebe, dieser Prozess des Aufstieges ist vorgesehen, und er ist in verschiedenen Varianten beschrieben worden, aber von Menschen beschrieben worden. Und da sind zum Teil auch Ängste mit drin.

Es gibt nichts, was ihr befürchten müsstet. Das, was sich verändert, sind die Strukturen eines veralteten Systems, etwas, was euch schon längst nicht mehr dient. Denn in dem Moment, in dem sich viele Menschen bewusstseinsmäßig verändern, entfalten, indem sie auf einmal mehr ihre Schöpfermacht, ihre Energie annehmen und dieses alte Roboterwesen abstreifen, werdet ihr in einer Welt leben wollen, die eurem tatsächlichen Niveau entspricht!

2012

Die Erde geht auf Tuchfühlung mit dem Paralleluniversum

Konfuzius

Seid gesegnet, seid in der Liebe, das ist Meister Konfuzius.

Meine Lieben, wir sind gekommen, um eine freudige Kunde zu verbreiten.

Ihr wisst, dass euer Planet, die Erde, auf der ihr euch momentan mit euren physischen Körpern befindet, dass sich diese Realitätsebene in einem Aufstieg befindet. Bei so einem Aufstieg gibt es immer bestimmte Stadien – Abschnitte. Da gab es beispielsweise 1987 das Herauslösen aus der Dreidimensionalität, darauf folgte und folgt noch immer ein weiterer Aufstieg, bei dem sich allmählich, Schritt für Schritt, die Schwingung des Planeten verändert. Und dies wurde ausgelöst von der Ursonne durch eine intensive Einstrahlung der Energie auf euren Planeten.

Ihr habt schon sehr viele Schwingungserhöhungen durchlaufen, und jetzt kommt eure Realitätsebene in ein ganz neues Stadium des Aufstieges, und zwar durch die Annäherung ihres Magnetfeldes an das Magnetfeld des Paralleluniversums. Damit ihr eine Vorstellung bekommt, was da genau abläuft und was wir damit sagen möchten, werden wir das in Bilder übersetzen, die ihr kennt:

Meine Lieben, ihr alle wisst, dass euer Körper so etwas wie eine Ausstrahlung hat, eine Aura, ein Feld, welches euch umgibt und was über diese Physis hinaus vorhanden ist. Nehmen wir einmal an, dieses Feld, das euren Körper umgibt, diese Aura, hätte einen Durchmesser von 3 Metern. Ihr wäret dann sozusagen eingehüllt in einen Kokon, der aus eurer eigenen Energie besteht, aus euren eigenen Interpretationen, aus den Erfahrungen, die ihr gemacht habt in der Vergangenheit, aus den Werten, die ihr pflegt, und aus euren Gedanken und Vorlieben. All das ist das Magnetfeld, das euch umgibt. Es macht eure Essenz aus.

Wenn ihr in einem großen Raum einer anderen Person gegenübersteht, und ihr habt einen Abstand von 10 Metern zwischen euch, dann sind eure Auren nicht in Berührung. Aber wenn ihr euch annähert, wenn ihr Schritte aufeinander zugeht, dann gibt es irgendwann einen Moment, wo sich eure Aura, eure Ausstrahlung, mit der der anderen Person berührt. Ihr könnt das mitunter wahrnehmen in eurem Alltag. Manchmal ist es angenehm und ihr spürt, dass da eine Person ist, die eine angenehme Aura hat, doch oft empfindet ihr es auch als unangenehm und ihr macht vielleicht automatisch einen Schritt zurück.

Meine Lieben, versteht ihr, wovon wir sprechen? Wenn ihr einen bestimmten Abstand unterschreitet, dann mischen sich allmählich eure Auren. Sie gehen auf Tuchfühlung. Wenn ihr eine andere Person umarmt, dann seid ihr intensiv in dem Feld der anderen Person und wenn es noch intensiver wird und ihr habt z. B. einen sexuellen Austausch, dann vermischen sich eure Magnetfelder total. Das bedeutet, die Schwingung zweier Menschen, ihr Gedankengut, ihre Vorlieben, all das tauscht sich auf intensivste Weise aus.

Nun, meine Lieben, was wir euch damit sagen möchten ist, dass eure Erde, die ebenfalls über eine Aura verfügt, in dieser Zeit ganz sanft in Berührung kommt mit der Aura des Paralleluniversums. Und damit geht einher, dass das erste Mal in die Aura der Erde neue Ideen einfließen können. Das kollektive Bewusstsein des Paralleluniversums verstrahlt Licht – für euren Planeten ist es eine Umarmung und kommende Vereinigung mit einem Lichtplaneten.

Viele von euch haben keine konkrete Vorstellung davon, wie die Veränderungen eurer momentanen Lebensweise, die euch vom Paralleluniversum unterscheidet, vonstattengehen könnten. Im Magnetfeld der Erde sind eure kollektiven Überzeugungen eingespeist, die Liebe, die ihr füreinander empfindet, die Aufgeschlossenheit, aber auch alle angstvollen Handlungen und überholte gesellschaftliche Vereinbarungen. All das ist in diesem Magnetfeld enthalten und wird ausgesandt.

Jetzt, wo ihr auf Tuchfühlung geht mit der Aura des Paralleluniversums, da kann etwas Neues zu euch durchdringen. Das sind beispielsweise Ideen über künftige Erfindungen, über Veränderungen, die auf irdischer Ebene anstehen. All diese Veränderungen kommen jetzt durch einen bestimmten Fortschritt in diesem Aufstiegsprozess in Bewegung. Dreidimensionale Verschleierungsaktionen haben es in dieser Zeit der zunehmenden Klarheit schwer!

Meine Lieben, ihr habt Grund, zu feiern und glücklich zu sein. Seid zuversichtlich, was den Aufstieg der Erde und eure eigene Entwicklung angeht. Wir möchten euch alle ans Herz legen, dass ihr euch selbst so annehmt, wie ihr seid.

Frage:

Ich würde gerne wissen, ob sich dieses Jahr 2012 möglicherweise vorzieht, also, ich meine, dass sich die Transformation der Erde verkürzt?

Kuthumi

Meine Liebe, wir können eine solche Verkürzung nicht bestätigen. Es ist so, ihr befindet euch noch mitten in diesem Transformationsprozess. Viele Menschen auf eurer Erde sind noch nicht erwacht, und die Erwachten sind oft in Zuständen, in denen sie hin- und hergeschüttelt werden, wo die innere Stabilität noch fehlt, wo sie noch nicht bereit sind, die Verantwortung für ihre Handlungen, ihre Gedanken und ihre Gefühle zu übernehmen.

Meine Liebe, 2012 werdet ihr schwingungsmäßig in die Ebene des Paralleluniversums eingehen, und dieser Zeitpunkt lässt sich weder beschleunigen noch verlangsamen. Er ist gegeben! Es ließe sich vielleicht um einige Tage oder Wochen verändern, aber nicht um Jahre, so wie ihr euch das vorstellt.

Es geht bei diesem Transformationsprozess darum, dass aus weitestgehend unbewussten Menschen wirklich bewusste, schöpferische Wesen werden, die sich bewusst sind, dass sie eine Seele haben und dass sie mit jedem Gedanken, mit jeder Emotion, die in ihnen auftaucht, ihr inneres Gleichgewicht entweder stärken oder schwächen. Und darum geht es bis 2012.

Und nach 2012 ist es nicht so, dass die Veränderung abgeschlossen ist, dass ihr dann sozusagen in einem erleuchteten Zustand auf einem perfekten Planeten seid, wo alles so ist, wie ihr euch das in euren kühnsten Träumen ausmalt.

Danach kommen die Veränderungen, die euer Zusammenleben in der Gesellschaft betreffen, und auch da wird es einiges zu tun geben, und diese Energie kommt 2012 zu euch, sodass ihr auf einmal empfänglich seid für Ideen, wie zum Beispiel euer Wirtschaftssystem verändert werden kann, damit ihr alle zufrieden und gleichberechtigt seid.

Das ist das, was wir augenblicklich dazu sagen möchten.

Die Vermählung der Erde mit dem Licht

Konfuzius

Viele von euch machen sich Gedanken über das Jahr 2012. Sogar der Mayakalender geht zu Ende. Was könnte da nicht so alles auf euch zukommen?

Meine Lieben, wir werden versuchen, euch zu erklären, was da auf planetarischer Ebene geschieht:

Eure Erde wird mit einer geistigen Energie erfüllt. Auf dieses Ereignis wurde sie 25 Jahre vorbereitet, und am Ende des Jahres 2012 ist es dann soweit! Erinnert ihr euch an die Kymische Hochzeit, die wir euch im ersten Buch beschrieben haben? Bei der Kymischen Hochzeit werdet ihr verschmolzen mit einer Geschwisterseele aus dem feinstofflichen Bereich. Euer physischer Körper wird dadurch angereichert mit einer Lichtenergie, bekommt mehr Stabilität und Zielstrebigkeit. Das gleiche Ereignis steht der Erde bevor!

Am 21.12.2012 verschmilzt der Planet Erde mit einer Lichtebene. Äußerlich bleibt alles beim Alten, und diejenigen unter euch, die darauf erpicht sind, ein Schauspiel präsentiert zu bekommen, werden möglicherweise enttäuscht sein. Letztendlich wird auch am 21. Dezember 2012 abends ganz normal die Sonne untergehen und am nächsten Tag wieder aufgehen. Doch euer Planet hat danach einen anderen Herzschlag! Es ist fühlbar.

Von eurer Schwingung her seid ihr dann ins kollektive Bewusstsein des Paralleluniversums eingeklinkt. Das bedeutet, dass ihr eingereiht seid in einen Raum, in dem eine andere gerechte, friedvolle Energie verstrahlt wird.

Nach 2012 werden sich die gesellschaftlichen Gegebenheiten, mit denen ihr jetzt noch konfrontiert seid, verändern. Das Ganze beginnt schon jetzt, wird aber nach 2012 an Zielstrebigkeit und Stabilität gewinnen.

Das betrifft die Art und Weise, wie die Menschen zusammenleben. Es wird friedvoller werden, und vielleicht habt ihr irgendwann das Gefühl, dass es doch irgendwie antiquiert und nicht mehr zeitgemäß ist, Militär oder Waffen zu haben.

Ihr werdet möglicherweise wahrnehmen, dass es da Umweltschäden gibt, und ihr seht dann auch Möglichkeiten, wie ihr gemeinsam diese Schäden durch Visualisation und natürliche Mittel beseitigen könnt.

Des Weiteren wird es Veränderungen im Finanzwesen geben. Ebenso bei eurem „Pflichtprogramm", dass ihr die besten Jahre eures Lebens mit Arbeit zubringt. Auch das ist etwas, was ein Planet, der eine hohe Schwingung hat, nicht dauerhaft übernehmen wird. Ihr werdet dann neue Ideen über euer Zusammenleben empfangen, und diese werden sich vielleicht rascher umsetzen, als ihr das momentan für möglich haltet.

Kuthumi

Zusätzlich möchten wir euch Folgendes sagen:

Alle Systeme, alle Machtgefüge sind bereits „unterwandert" mit Personen, die ein neues Denken einfließen lassen. Mit hoher Wahrscheinlichkeit werdet ihr die Zeit erleben, in der euch die Waren eures täglichen Bedarfs kostenlos zur Verfügung stehen. Eure momentane Ausrichtung, die noch sehr, sehr stark mit dem Arbeitsmarkt verbunden ist, wird sich so verändern, dass ihr großzügig über Freizeit verfügt.

Es gibt Ebenen, die vor euch diesen Aufstieg durchlaufen haben. Und im Paralleluniversum ist es im Prinzip so gestaltet, dass jeder Mensch die Verpflichtung eingeht, für 15 bis 20 Jahre seine Arbeitskraft in den Öffentlichen Dienst zu stellen, und das für ca. 4 Stunden täglich. Das ist ausreichend, um euch mit allem zu versorgen, was ihr für euer gesamtes Leben in Wohlstand benötigt.

Das bedeutet nicht, dass ihr dann nur noch daheim sitzt und Däumchen dreht, dass ihr unentwegt meditiert oder dergleichen. Ihr vergnügt euch mit anderen, ihr tauscht euch aus, ihr lasst euch auf neue Erfahrungen ein. Es könnte zum Beispiel sein, dass ihr auf Reisen geht, euch die Erde anschaut. Es könnte sein, dass ihr eine Zeit, lang Theater spielt, euch erfahrt als Stückeschreiber, Künstler, dass ihr unterschiedliche handwerkliche Fähigkeiten erlernt, dass ihr bei der Verschönerung von Kleidung, von Häusern, von Fassaden, von Kunstgegenständen helft, dass ihr möglicherweise einen Malkurs besucht oder euch mit Heilenergie, Kräuterkunde und Erdheilung beschäftigt.

All diese Veränderungen werden in dem Maße und Tempo in eure Gesellschaft einfließen, wie ihr bereit seid, die alten Konstrukte loszulassen. Manchmal klammert ihr euch an einen unliebsamen Arbeitsplatz oder an Besitztümer, die mehr Ballast als Freude sind. Und es gehört zu diesen Veränderungen, dass ihr das, was in eurem Inneren nicht wirklich Befreiung, Liebe und Bereicherung hervorbringt, loslassen werdet!

Diesen Gegebenheiten des Paralleluniversums wird sich eure Gesellschaft stufenweise anpassen. Das bedeutet, ihr werdet mit hoher Wahrscheinlichkeit nicht 2013 schon das Grundeinkommen für alle einführen, ebenso wenig wird sich eure Arbeitszeit schlagartig auf 15 bis 20 Jahre reduzieren, sondern diese Veränderungen vollziehen sich Schritt für Schritt, bis sie sich dem Paralleluniversums angeglichen haben.

Seid gesegnet, das war Meister Kuthumi.

Verabschiedung

Konfuzius und Kuthumi

Seid gesegnet, seid in der Liebe, das sind Meister Konfuzius und Meister Kuthumi.

Nun, meine Lieben, es war vergnüglich, zu euch zu sprechen. Es hat uns viel Freude bereitet, und wir wissen auch, dass viele von euch diese Botschaften begeistert aufnehmen.

Nun, lesen ist der eine Teil. Es geht aber auch darum, dass ihr die dargebotenen Informationen in eurem Leben umsetzt, dass ihr spürt, dass es mehr sind als Worte, die ihr aufnehmt über euren Verstand. Wenn ihr die verschiedenen Empfehlungen anwendet, werdet ihr ganz klare, deutliche Schritte in eurem Leben nach vorn machen.

Einige von euch haben das Gefühl, dass sie gerne viele verschiedene Schulungen und Kurse besuchen würden, und das ist im richtigen Maße auch hilfreich. Wir möchten euch darauf hinweisen, dass ihr das, was ihr in einer solchen Schulung gelernt habt, auch in eurem Leben im Alltag anwenden dürft! Denn erst dann profitiert ihr davon! Es reicht nicht aus, dass ihr Zertifikate sammelt und von Seminar zu Seminar hetzt. Es geht darum, dass ihr das, was ihr dort lernt, auch anwendet!

Manchmal können wir beobachten, dass es euch schwer fällt, aus den Angeboten, die momentan kursieren, das Richtige für euch auszuwählen. Und dann fragt ihr uns und hättet gern, dass wir euch die Entscheidung abnehmen. Aber es liegt uns am Herzen, dass ihr da in euch hineinspürt und eure eigenen Entscheidungen trefft. Wir sind nicht berechtigt, Aussagen zu machen, dass dieser oder jener Kurs besonders wertvoll sei oder ein anderer nicht. Damit würden wir euch bewerten. Wir würden bestimmte Seelen auf eurem Planeten prädestinieren und andere ausgrenzen.

Und deshalb würden wir euch gern eine Möglichkeit vermitteln, wie ihr für euch selbst die Entscheidung leichter treffen könnt. Lasst euch von den Anbietern, die ihr in Betracht zieht, Prospektmaterial zukommen.

Und dann meditiert mit diesem Packen Papier. Setzt euch auf dieses Bündel oder tragt es in eurer Aura. Und dann bittet euer Hohes Selbst, eure geistigen Führer, euch behilflich zu sein bei eurer Entscheidung. Schickt eure innere Weisheit aus. Erteilt diesen Auftrag und dann achtet auf euren Atem, seid still und wartet, was kommt. Das könnten Gefühle sein, die sich in euch ausbreiten und eine Botschaft vermitteln. Das könnten aber auch innere Bilder sein. Erinnerungen an andere Veranstaltungen, die euch plötzlich in den Sinn kommen. Und daraus könnt ihr schließen: Aha, es ist so ähnlich wie die Atmosphäre dort! Das Energiefeld ist so ähnlich wie auf dieser Veranstaltung. Das wäre eine Möglichkeit für euch, leichter zu wählen.

Nun gibt es einige unter euch, die sehr, sehr eindeutige Fähigkeiten haben auf dem Gebiet des Unterrichtens, auf dem Gebiet des Heilens, der Energieübertragung, und zuweilen glaubt ihr, ihr seid noch nicht gut genug. Ihr benötigt noch dieses oder jenes Zertifikat, diese oder jene langwierige Ausbildung, damit ihr diese Dinge auch anwenden könnt. Und wir möchten euch an dieser Stelle sagen: Es gibt kein Zertifikat, das euch zum perfekten Lehrer oder Heiler ernennt. Diese Sicherheit wächst in euch! Nehmt eure Fähigkeiten als etwas Wertvolles an. Und wenn ihr bereit seid für diesen Schritt, dann tut es! Diese Bereitschaft wird euch niemand abnehmen, sie liegt in euch. Und ihr seid diejenigen, die entscheiden, wann der Zeitpunkt sein wird. Und manch einer schiebt diese Entscheidung sehr lange vor sich her und pflegt seine Unsicherheit durch Zweifel.

Meine Lieben, wir, die Aufgestiegenen Meister, und auch die Erzengel unterstützen euch gern! Ruft uns und erzählt uns von euren Sorgen und Ängsten! Es ist unsere Aufgabe, euch zu unterstützen, und es gibt auch keine peinlichen Probleme. Probiert es einfach aus!

Seid gesegnet, seid in der Liebe. Wir verabschieden uns!

Seminar – Info

Die Autorin, Ute Kretzschmar, gibt seit 2002 Seminare mit Meister Konfuzius und Meister Kuthumi. Darin geht es um spirituelles Wissen, Fantasiereisen, Medialität, das Empfangen von Botschaften aus der Meisterebene, viele praktische Übungen zur Selbstverwirklichung, Wahrnehmung der eigenen Gedanken, das Erlangen von innerer Stabilität und das Erlösen der Urmuster. Sie heißen:

„Öffne Dich Deiner inneren Weisheit und realisiere Deine Träume“

Es gibt vier Seminarteile.

Nähere Infos findet man unter:
www.ute-kretzschmar.com

oder unter der Postanschrift:
Ute Kretzschmar
Im Enzengarten 3
79379 Müllheim

Weitere Titel von Meister Konfuzius, Meister Kuthumi und Ute Kretzschmar

Der Aufstieg der Erde in die fünfte Dimension 2012

ISBN 978-3-89568-109-7

Die Seele in den Meisterjahren

ISBN 978-3-89568-127-1

Ohne Ticket in andere Dimensionen

ISBN 978-3-89568-158-5

Reise zum Seelenpartner CD

ISBN 978-3-89568-122-6

Christuspräsenz und Allmacht CD

ISBN 978-3-89568-131-8

Die Krönung CD

ISBN 978-3-89568-174-5

Lichtsäulen-Clearing CD

ISBN 978-3-89568-157-8

– 2012 –

Lichter des Aufstiegs
978-3-89568-208-7

Saint Germain spricht
978-3-89568-207-0

Das Tor zum Goldenen Zeitalter
978-3-89568-135-6

Die Schlüssel fürs Tor zum Goldenen Zeitalter
978-3-89568-177-6

Das Tor zur körperlichen Transformation
978-3-89568-137-0

Das Tor zur partnerschaftlichen Liebe
978-3-89568-145-5

Das Licht Gottes versagt nie
978-3-89568-128-8

Aufbruch in das neue Jahrtausend
978-3-89568-073-1

CD. Die neuen Wege der Liebe
978-3-89568-163-9

CD. Das Tor der Gnade
978-3-89568-169-1

Der Aufstieg der Erde 2012 in die fünfte Dimension
978-3-89568-109-7

2012 und danach
978-3-89568-211-7

Die Seele in den Meisterjahren
978-3-89568-127-1

ohne Ticket in andere Dimensionen …
978-3-89568-158-5

CD. Christuspräsenz und Allmacht
978-3-89568-131-8

CD. Lichtsäulen-Clearing
978-3-89568-157-8

CD. Die Krönung
978-3-89568-174-5

Denn ich bin Liebe
978-3-89568-193-6

Smile!

978-3-89568-202-5

Jesus – wenn er wiederkäme …

978-3-89568-203-2

Lichtbotschaften des Aufgestiegenen Meisters Hilarion

978-3-89568-116-5

Neue Lichtbotschaften

978-3-89568-138-7

Meister Hilarion beantwortet Lebensfragen

978-3-89568-161-5

Hilarions himmlischer Ratgeber

978-3-89568-194-3

Werkzeuge der Schöpfung

978-3-89568-134-9

Herzensbildung Teil 1 und 2

978-3-89568-146-2 und 978-3-89568-179-0

Das New Life Manifest

978-3-89568-080-9

Grenzenlos leben

978-3-89568-031-1